AF620103

FONCTIONS DE L'ÉTAT

QUELLES SONT LEURS LIMITES?

QUELLE EST LEUR NATURE?

DANS LA SOCIÉTÉ MODERNE

PAR

JH. FOULON-MENARD

> L'Allemagne.. .... est destinée peut-être à réaliser ce que nous avons voulu faire en France, jusqu'ici sans y réussir : une organisation scientifique et rationnelle de l'État.
>
> LETTRE DE RENAN A STRAUSS.
>
> (*Journal des Débats*, 16 septembre 1870.)

PREMIÈRE PARTIE

NANTES

IMPRIMERIE JULES GRINSARD

SUCCESSEUR DE M. H. CHARPENTIER

Rue de la Fosse, 32 et 34.

1871

FONCTIONS DE L'ÉTAT

FONCTIONS DE L'ÉTAT

QUELLES SONT LEURS LIMITES?

QUELLE EST LEUR NATURE?

DANS LA SOCIÉTÉ MODERNE

PAR

JH. FOULON-MENARD

> L'Allemagne.. .... est destinée peut-être à réaliser ce que nous avons voulu faire en France, jusqu'ici sans y réussir : une organisation scientifique et rationnelle de l'État.
>
> LETTRE DE RENAN A STRAUSS.
>
> (*Journal des Débats*, 16 septembre 1870.)

NANTES

IMPRIMERIE JULES GRINSARD

SUCCESSEUR DE H. CHARPENTIER

Rue de la Fosse, 32

1870

1871

Pape, roi, propriétaire! Pape de sa conscience, Roi de sa pensée, Propriétaire de son produit! tel doit être le citoyen moderne dans tout le monde civilisé, avait dit la RÉVOLUTION FRANÇAISE.

Déclaration magnifique et immortelle!

Et quand il a fallu l'effectuer, échec absolu! Quatre-vingts ans de recherches vaines et d'agitations impuissantes.

C'est que la constitution *rationnelle* et *scientifique* de l'Etat, vient de nous dire un de nos éminents publicistes, n'a point encore été trouvée par la France. Elle le sera peut-être par l'Allemagne.

Peut-être!

En attendant, que nous offre, à l'heure où j'écris, votre savante Allemagne? La caricature en action que voici :

Un vieillard, fou d'orgueil, prenant à Versailles un bain de sang, un bain de sang humain. Au bord de la baignoire la défroque de Charlemagne, débris trouvé dans les ruines de la France incendiée. Deux hauts laquais, Bismark et de Moltke, qui passeront, le bain pris, ladite défroque au sanglant bonhomme.

Le fantoche alors se levant dans une parodie de lit-de-justice féodale dira :

Des citoyens en Europe? Chacun pape de sa conscience, roi de sa pensée, propriétaire de son produit!... Obéissance... obéissance à Guillaume, et après Guillaume à Fritz. Des maîtres et des sujets, autrefois, aujourd'hui et toujours.

Et les deux laquais titrés salueront l'archéologique empereur avec conviction.

. . . .

Français, quelles qu'aient été nos déceptions, et quels que puissent devenir nos désastres, ne désespérons pas de notre génie révolutionnaire.

C'est nous qui avons indiqué le but. C'est à nous d'en découvrir le moyen.

« Bien que je n'aie aucune mission pour trouver ce moyen » et que je sois peut-être l'homme du pays le moins doué » des qualités nécessaires pour le trouver, je n'ai pas laissé » que d'y travailler (1). »

(1) Vauban. *Projet de dîme royale.* Ed. d'Eug. Daire.

A Monsieur MARCHAL DE CALVI,
en résidence temporaire à Pau.

Nantes, le 4 Novembre 1870.

J'ai tenu ma promesse; vous tiendrez la vôtre. Voilà ma brochure. Je vous l'adresse et vous la dédie. La voilà rédigée à la hâte, et tant bien que mal. A vous de reprendre l'idée en sous-œuvre, si vous persistez à la juger digne de l'opinion publique; et d'en refaire la démonstration.

Votre ami,

JH. FOULON-MENARD.

PREMIÈRE PARTIE.

I

Entre la république et la monarchie, j'opte pour la république.

Les raisons pour et contre sont sans nombre. Celles de mon choix apparaîtront dans le cours de ce travail. J'en indiquerai même très-prochainement les principales.

Mais il y a trois républiques :

République formaliste.

République socialiste.

République réformiste.

Je ne veux pas de la première.

Je ne veux pas de la seconde non plus.

République formaliste, c'est avec monarchie, blanc bonnet et bonnet blanc. C'est du remaniage dans le *statu quo*.

République socialiste, c'est la dissolution sociale, c'est le chaos. Je ne veux ni de l'une ni de l'autre.

République réformiste, voilà ce que je désire.

Mais qu'est-ce que c'est que votre république réformiste? Et d'abord réformiste de quoi? de l'homme? des vices du cœur humain? de nos faiblesses? de nos passions?

Je réponds non. L'homme n'est réformable que par lui-même. Il faut en politique le prendre tel qu'il est. Il réapparaît d'ailleurs, dans chaque génération nouvelle, avec la même inexpérience, avec les mêmes bons et mauvais instincts. Sa perfectibilité vraie ou fausse n'est ici ni en question ni en jeu.

Réformiste de quoi donc? de la société?

Non encore. La société, a dit Leibnitz, est comme le vaisseau de Thésée que les Athéniens réparaient toujours et ne détruisaient jamais. La société, quant à ses bases angulaires, religion, mariage, propriété, est constituée à fond et à demeure. Et, dans tous les cas, son amélioration, sous ce triple rapport, échappant à ma compétence, échappe à mes soucis.

Mais en dehors de ce qu'il y a d'éternel dans son essence, l'ordre social actuel devra être touché à sa surface par la réforme, j'en conviens ; j'en conviens sans effort et sans excuse.

C'est du gouvernement alors dont vous êtes réformateur ?

Du gouvernement, et plus que du gouvernement : de ce qu'on appelle l'État. De l'État tout entier, *intus et in cute*. Oui, voilà ce qu'il faut réformer profondément, l'État. Et voici de cette réforme un premier aperçu.

Notre situation politique était avant 89, en France, ce qu'aujourd'hui encore elle est ailleurs, le résultat de la conquête. Elle accusait le triomphe de la force militaire. L'État faisait sur la société subordonnée fonction de *seigneur*. Il en avait les droits et les devoirs régaliens.

La société moderne a une autre base que la conquête, et c'est pour cela qu'elle s'appelle moderne. Elle a pour base le travail. Tout le monde y travaille ou doit y travailler. Il faut que l'État, de *seigneur* qu'il était, y devienne lui-même *travailleur*, à moins qu'on ne le veuille fainéant. Il faut qu'il soit comme tout le monde travailleur, sinon réduit à néant.

Je le répète, anéanti. Cet anéantissement ne répugne pas à tous les penseurs. Quelques-uns déplorent les unifications nationales, et rêvent d'un retour, qui serait pour eux un progrès, à la vie patriarcale et communale.

L'État travailleur, me direz-vous? Vous entendez sans doute travailleur administratif; et comme l'État est déjà tel, votre réforme doit se borner à rectifier le cadre de sa fonction ; à lui imposer ce qu'il ferait bien, à le dessaisir de ce qu'il fait mal. Ce n'est pas déjà peu de chose ; mais ce n'est rien de plus.

En effet, la question est celle-là, et c'est là qu'est toute la question. Qu'elle soit plus ou moins grande ou plus ou moins restreinte, nous le verrons. Elle n'est du moins pas aussi neuve et nouvelle qu'on pourrait le croire.

Dès 1793, G. de Humboldt la posa dans son *Essai sur les limites de l'action de l'État*. Essai resté longtemps manuscrit et inconnu. On ne l'a imprimé qu'en 1851.

L'Anglais John Stuart Mill a cherché, avec vigueur, dit-on, une limite plus profonde, non-seulement à l'*action de l'État,* mais à l'*action de la société sur et contre l'individu.*

Chez nous, M. de Laboulaye a intitulé un de ses livres, en 1865, l'*État et ses limites*. Le même thème a été agité par MM. de Tocqueville, Jules Simon, E. Beausire, Ed. Quinet, F. Passy, dans des ouvrages importants sur la liberté.

L'idée du débat, on le voit, existe depuis plus d'un demi-siècle. Mais c'est à partir de 1848 que la discussion s'est fortement accentuée en France. Plusieurs publicistes reproduisaient en variantes dans les journaux cette déclaration énergique : « La démocratie est la réalisation complète, absolue, intégrale de la liberté..... C'est la négation complète de l'Etat tel que les siècles l'ont constitué (1). »

En 1850, le problème provoquait dans la société d'économie politique de Paris, l'émission « de plusieurs principes qui avaient besoin d'être médités, rapprochés, comparés, et en conséquence on lui consacrerait d'autres séances (2). » Il y aura peut-être lieu de faire sur ces principes un retour dans nos paragraphes ultérieurs. Mais à la même époque, moi aussi,

---

(1) Lamenais, journal *la Réforme,* 1849.

(2) M. J. Garnier, *Journal des Économistes,* 15 janvier 1850.

dans un discours public, prononcé et imprimé à Nantes, je disais ceci :

« Quelles sont les limites et quelle est la nature des fonc-
» tions de l'État dans les temps modernes ?

» En d'autres termes, étant admise la légitimité de l'État,
» que doit-il être ?

» Tout..................	Louis Blanc.
» Rien..................	Proudhon.
» Juge et gendarme......	Bastiat.
» Assureur universel.....	Em. de Girardin.
» Ce qu'il est...........	Routiniers et remanieurs.
» Régisseur en mode uni- » taire de ce qui doit res- » ter indivis, régisseur de » ce qui est *res-publica*.	l'Auteur (1). »

Il se rattache donc à la réforme des fonctions de l'État, et depuis longtemps, de grandes préoccupations et de puissantes espérances.

Le fonctionnarisme, s'il ne doit pas être pris pour le bouc émissaire de tous nos malheurs présents, n'en est pas innocent non plus. La France est fortement disposée à remanier de fond en comble un système administratif qui, personnel et réseau, cachait tant de vices, tant d'oisiveté, tant de faux travaux, tant de parasitisme, tant de causes de ruine et de faiblesse sous des affirmations contraires, d'ordre, de puissance et de sécurité.

Ainsi c'est entendu.

---

(1) Compte-rendu des travaux de la Société académique de Nantes, p. 57, — année 1852.

La réforme ici demandée a pour objet exclusif une constitution nouvelle à donner à l'État.

« Il faut que les conservateurs incurables en prennent leur » parti, l'État traditionnel ne peut plus se concevoir, une » *réforme radicale* s'effectuera par la force des choses (1). »

La France souffre. Que sa dévastation depuis plus de deux mois, en nous offrant pour terme de comparaison des malheurs inouïs, ne nous rende pas optimistes pour les époques antérieures.

A l'état normal la France souffre. La perpétuité périodique de ses agitations convulsives le prouve. Que lui faut-il donc, et quels sont ses besoins?

Plus d'aisance.

Plus de liberté.

Plus d'aisance?

Mais la richesse croît en France.

C'est vrai, elle croît et en même temps elle baisse. Vous ne comprenez pas ce mystère? le voici :

La richesse croît comme : 1; la population comme : 2; et les besoins comme : 3.

On a calculé que la richesse avait pour mesure :

En Angleterre, à dépenser par tête et par jour... 1 fr. 40

---

(1) *National,* 30 décembre 1849.

En France (1), à dépenser par tête et par jour... 0 75

Le paupérisme anglais tiendrait donc surtout au vice de répartition.

« Les revenus anglais, cela paraît certain, s'élèveraient
» à .... 135 millions,
» pour les cinq cents familles de pairs ;
» à .... 1,300 millions,
» pour les quatre cent mille personnes, dont se composent
» les familles de chevaliers et de baronnets.
» Le reste à la nation (1). »

Tandis que la misère française tiendrait à l'insuffisance de production.

» Cette production, dit M. Ch. Coquelin, répartie d'une
» manière égale entre tous les individus, donnerait pour la
» part de chacun et par jour, en France, environ. 0 fr. 75
» En Angleterre, une répartition pareille donnerait.................................. 1 50
» Aux Etats-Unis, pour l'ensemble de l'Union.. 1 70
» Et dans la partie la plus favorisée du pays,
» dans la Nouvelle-Angleterre (1). »............ 1 75.

Qu'on ne s'abuse pas sur la cause de cette production restreinte. Qu'on n'attribue pas son arrêt de développement

---

(1) « En France, dans la classe prétendue riche, la dépense de chaque jour ne peut pas excéder, en moyenne, 1 fr. 80, — et dans la classe sacrifiée la dépense moyenne doit rester inférieure à 0 fr. 50. »

E. DE GIRARDIN. *Presse*, 24 janvier 1851.

(1) P. Leroux, Malthus et les économistes.

(1) *Histoire du Crédit et des Banques*, in-12, 1850.

à des circonstances fâcheuses et transitoires. Car il est chronique et séculaire. Car aux plus belles époques de stabilité, la France ne produisait pas plus. Son maximum de fécondité, en effet, a dû être atteint sous le règne de Louis-Philippe; et sous ce règne, cette fécondité n'était évaluée officiellement qu'à 10 milliards et même à moins.

Ces évaluations, dira-t-on, se font à vue d'œil ? Soit. Et pourquoi donc alors tant d'évaluateurs rencontreraient-ils le même chiffre ? leurs variations témoignent de l'individualité de leurs recherches.

REVENU DE LA FRANCE.

POUR TOUS et PAR AN	PAR TÊTE et par JOUR	AUTEURS.	OUVRAGES.
12 milliards	0,92c	E. DE GIRARDIN	Socialisme et Impôt. 1850
11 id.	—	GOUDCHAUX	Le Pays, 10 juin 1850
10 au max.	80	CH. DUPIN	Bien-Être et Concorde. 128
10 id.	78	M. CHEVALIER	Rev. des Deux-M. 1848. I.
8 environ.	75 au plus	LÉON FAUCHER	id. 1848. I.
8 et moins.	52	PASSY	La Patrie, 17 août 1849
6 id.	50	A. BARBET	Rev. indépend. 1847 et le Peuple Constituant. 1848
—	70	DUPONT-WITHE	Relat. du Trav. et du Capital
—	52	Maréchal BUGEAUD	Almanach général. 1840

Toutes ces évaluations sont devenues trop faibles depuis : 1° la survenue de quelques années abondantes en céréales et en vins; 2° la décroissance continue du *pouvoir* de la monnaie; 3° et, pour la colonne du revenu annuel, l'annexion de la Savoie.

Nous reviendrons à cette question du paupérisme. J'ajouterai seulement ici la note suivante :

« En 1866 la population indigente de Paris est de 40,644 » ménages, comprenant 105,119 individus. Paris compte un » indigent *inscrit* et *assisté* sur 17 habitants (1). »

Donc, conclurai-je,
Il faut à la France plus d'aisance.

« Bien-être, oui le mot bien-être est le mot de notre » siècle, mais il s'agit de le comprendre. J'accepte ce mot, » non comme satisfaction accordée aux sens, mais comme » libération de l'âme. Je veux plus de bien-être afin que » l'ignorance disparaisse davantage, que les mauvais instincts » s'évanouissent, que les facultés morales ayant le dessus le » plus possible, puissent dégrossir l'homme primitif, et en faire » sortir un homme nouveau plus pur et meilleur (2). »

« Il est vrai que le socialisme entend d'abord assurer du » pain à tous. Il est vrai qu'il s'occupe avant tout de fondre » dans l'ordre économique, les bases matérielles de la société. » Il obéit ainsi aux lois de la logique. Il se conforme à la na- » ture même des choses. Il procède à l'exemple du Dieu de la » Genèse qui dut, lui aussi, façonner de terre le corps de » l'homme avant de l'animer de son esprit (3). »

Plus de liberté.
« Il fut un temps où l'on disait aux hommes : Qu'importe

---

(1) Recensement officiel de l'assistance publique. *Cosmos*, N° du 1er février 1868.

(2) E. Montegut. — *Revue des Deux-Mondes*, 1848 II, 306.

(3) *Voix du Peuple*. — 1er avril 1850.

» que vous soyez libres, pourvu que vous soyez heureux?
» Et les hommes s'étonnaient de n'être pas heureux en se
» résignant à n'être pas libres (1). »

Au degré de la civilisation actuelle, au degré français, qui dit citoyen dit un travailleur voulant être son maître sur trois choses :

Sa conscience,

Sa pensée,

Son produit.

Le citoyen français, comme je l'ai déjà dit, ne cessera de s'agiter en révolutionnaire qu'il ne soit devenu et ne se sente, le pape de sa conscience, le roi de sa pensée, le propriétaire de son produit.

Ce n'est pas, ceci, du communisme; et le communisme, quoiqu'en récrudescence éphémère dans quelques bas-fonds, n'est point au fond à craindre. La science sera toujours une mitrailleuse qui en fera beau jeu. Le communisme est anti-scientifique. Il est bête.

Ceci est, au contraire, du libéralisme, mais inextinguible et implacable. Ce n'est plus à petit dose qu'il faudra lui donner satisfaction, mais à dose pleine, entière, absolue.

L'école jacobine n'a qu'à demander pour ses Saint-Just fu-

(1) Benjamin Constant.

turs et ses nouveaux Billaud-Varennes un emploi chez les Mormons ; et toute autre école gouvernementaliste n'a qu'à chercher des remises pour ses hommes d'Etat, invoquant au nom de l'État la raison d'État.

Ecoutons un de ces orateurs anti-hommes d'État qui primeront dans nos *conventions* et dans nos *législatives* prochaines.

« L'histoire a appelé anarchique l'état d'un peuple au » sein duquel se trouvaient plusieurs gouvernements en » compétition. Mais autre est l'état d'un peuple qui voulant » être gouverné manque de gouvernement parce qu'il en a » trop, et autre chose l'état d'un peuple qui voulant se » gouverner lui-même manque de gouvernement précisé- » ment parce qu'il n'en veut plus.

» L'anarchie *antique* a été effectivement la guerre » civile ; et cela non parce qu'elle exprimait l'absence, mais » bien la pluralité des gouvernements, la compétition, la » lutte des races gubernatives.

» La notion moderne de la vérité sociale absolue ou de la » démocratie pure et simple, a ouvert toute une série de » connaissances ou d'intérêts qui renversent radicalement » les termes de l'équation traditionnelle. Ainsi l'anarchie » qui au point de vue monarchique ou relatif signifie guerre » civile, n'est rien de moins en thèse absolue ou démocratique » que l'expression vraie de l'ordre social (absence de maître).

» Je ne sais si ce que je viens de dire est nouveau ou ex- » centrique, ou effrayant. Je ne le sais et ne m'occupe de le » savoir. Ce que je sais, c'est que je puis mettre hardiment » mes arguments au feu contre toute la prose du gouverne- » mentalisme blanc et rouge, passé, présent et futur. La vé-

» rité est que sur ce terrain, qui est celui d'un homme li-
» bre, étranger à l'ambition, ardent au travail, dédaigneux
» du commandement, rebelle à la soumission, je défie tous
» les argumentateurs du fonctionarisme, tous les logiciens
» de l'émargement, et tous les folliculaires de l'impôt mo-
» narchique ou républicain, qu'il s'appelle progressif ou pro-
» portionnel, foncier, capitaliste, etc.

» Quand mon intelligence pénètre au delà des misérables
» détails sur lesquels s'appuie la polémique quotidienne, je
» trouve que les guerres intestines qui ont de tout temps dé-
» cimé l'humanité se rattachent à cette cause unique, à sa-
» voir : le renversement ou la conservation du gouverne-
» ment.

» En thèse politique, s'égorger a toujours signifié se dé-
» vouer à la durée ou à l'avénement d'un gouvernement.
» Montrez-moi un endroit où l'on s'assassine en masse et en
» plein vent, je vous ferai voir un gouvernement à la tête du
» carnage. Si vous cherchez à vous expliquer la guerre ci-
» vile autrement que par un gouvernement qui veut venir et
» un gouvernement qui ne veut pas s'en aller, vous per-
» drez votre temps. La raison en est simple. Un gouverne-
» ment est fondé. A l'instant même, il a ses créatures et par
» suite ses partisans. Et au même moment qu'il a ses parti-
» sans, il a aussi ses adversaires. Or, le germe de la guerre
» civile est fécondé par ce seul fait, car vous ne pouvez point
» faire que le gouvernement investi de la toute puissance
» agisse à l'égard de ses adversaires comme à l'égard de ses
» partisans. Vous ne pouvez point faire que ceux-là ne soient
» choyés, que ceux-ci ne soient persécutés. Vous ne pouvez
» donc point faire que de cette inégalité ne surgisse tôt ou
» tard un conflit entre le parti des privilégiés et le parti des
» opprimés. En d'autres termes, un gouvernement étant

» donné, vous ne pouvez pas éviter la faveur qui fonde le
» privilége, qui provoque la division, qui crée l'antagonisme,
» qui détermine la guerre civile. Maintenant, s'il suffit d'être
» d'une part le partisan et de l'autre l'adversaire du gouver-
» nement pour déterminer un conflit entre les citoyens, s'il
» est démontré qu'en dehors de l'amour ou de la haine qu'on
» porte au gouvernement, la guerre civile n'a aucune raison
» d'exister, cela revient à dire qu'il suffit, pour établir la
» paix, que les citoyens renoncent d'une part à être les par-
» tisans et de l'autre à être les adversaires du gouvernement.
» Mais cesser d'attaquer ou de défendre le gouvernement
» pour *impossibiliser* la guerre civile, ce n'est rien de moins
» que n'en plus tenir compte, le mettre au rebut, le supprimer
» afin de fonder l'ordre social. Or, si supprimer le gouver-
» nement, c'est d'un côté établir l'ordre, donc l'ordre et le
» non gouvernement ou l'anarchie sont parallèles. Donc l'a-
» narchie, ou absence de maître, c'est l'ordre. (1)

Voilà, j'espère, un Français ingouvernable. Eh! Messieurs les despotes ou les sceptiques, ne dites pas qu'il n'y en a heureusement pas beaucoup comme cela. Si peu qu'elle ait de levain, la pâte lève, et la foule suit toujours ses guides. Mais il y en a beaucoup, détrompez-vous. Nos révolutions l'attestent. Et il y en aura de plus en plus. On veut être, je le répète, en France, chacun pape de sa conscience, roi de sa pensée, propriétaire de son produit, et on a raison. On ne veut plus être gouverné sur ces trois points. On y veut l'entière liberté. La France est devenue ingouvernable, disent les pleureurs. Et sans doute, mais ce n'est pas sa honte, c'est

(1) Par A. Belcarigue, rue Richelieu, 102, chap. 1er, 1850.

sa gloire. « La liberté c'est le DEGOUVERNEMENT. » (*Arguelle, député espagnol.*)

Autre exemple :

« J'ai voulu m'adresser aux révolutionnaires, dans le sens
» qu'il faut donner à ce mot, dans le sens scientifique, radi-
» cal et complet.

» J'ai voulu dire l'idée que je me suis faite de la révolu-
» tion considérée dans sa psychologie intellectuelle, dans sa
» tradition historique, dans ses destinées.

» Je lui ai assigné pour point de départ, le principe de la
» souveraineté individuelle, et pour but identique à son
» principe l'institution pratique de ce principe.

» La souveraineté individuelle est une vérité si absolue,
» si adéquate au moi humain, si inhérente à la Révolution
» que la négation même en implique l'affirmation (1). »

Donc, on veut avoir plus de liberté.

On veut aussi avoir plus de 75 c. par tête et par jour, et même plus de 1 franc ; car, comme il certain que ceux qui dépensent le double et le triple se comptent par millions, il suit, la masse à partager étant donnée, que par millions aussi se comptent ceux qui ne peuvent dépenser que la moitié moins, les deux tiers de moins, et au-dessous.

(1) Romain Cornu.

Binome terrible ! Plus il y a de bien-être en haut, moins il faut qu'il y en ait en bas.

« Deux sociétés, l'une écrasée sous le poids du travail, » l'autre dilatée sous l'influence de la liberté ; l'une en proie » aux souffrances du dénument, l'autre saturée de bien-être » matériel ; l'une mutilée dans les tendances élevées, l'autre » de plus en plus développée dans les facultés intellectuelles ; » deux sociétés aussi profondément diverses, ne peuvent » rester longtemps unies, un abîme s'ouvre entr'elles. » Ce gouffre, tout le monde le voit, tout le monde s'en » effraye. On s'efforce de réunir ces bords, et pour y par- » venir on jette deux ponts sur ces profondeurs, celui des » illusions et celui des faux remèdes (1). »

Donc insuffisance de richesse et insuffisance de liberté. Et comme ces deux disettes s'accompagnent et même s'engendrent naturellement, il faut une réforme qui les attaque de front l'une et l'autre, et simultanément l'une par l'autre.

Cette réforme existe-t-elle ? Oui, quoi qu'en aient dit avec un solennel désespoir MM. Mich. Chevalier, Thiers, Jules Simon, et bien d'autres orateurs des plus éloquents et des mieux intentionnés.

« Personne n'a dans la main le moyen de faire à l'instant » le bien des nations, c'est avec le temps, avec beaucoup » d'ordre et de sécurité, de bonne volonté et de lumières » que petit à petit on arrive à faire ce bien. Mais il n'est » personne qui le possède à la main (2). »

(1) Mme Agenor de Gasparin, *Il y a des Pauvres à Paris,* 1846.
(2) Thiers, *Moniteur,* 25 janvier 1849.

L'obstacle au bien est depuis 80 ans, sous la main des gouvernements.

« Tribuns, philanthropes, prédicateurs, creusez-vous la » tête, vous ne trouverez pas d'autre solution que celle-là, » une misère affreuse, quand il y a beaucoup de bras et peu » de capital. Les décrets garantiront le travail ? garantiront » les salaires ? efforts impuissants ! Votre garantie sera vaine, » tant que vous n'aurez pas créé du capital. Et vous ne créerez » pas de capital, et vous ne le créerez que par du travail » accumulé, par l'épargne, par l'abstinence, par la pa- » tience (1). »

Voilà ! le capital ne croît sous un peuple que comme l'alluvion sous un fleuve, donc nous en avons de notre misère actuelle jusqu'à la fin de la période *quaternaire* probablement.

La Fontaine est plus économiste que vous, monsieur. Vous devriez savoir de lui que « c'est le fonds qui manque le moins. »

M. Jules Simon faisait même déclaration à la tribune en 1869, dans un de ses éloquents discours. — Il ne renvoyait pas lui, à l'alluvion du capital, mais à l'avènement de l'instruction universelle, instruction gratuite, instruction obligatoire.

Ceci est un remède à tous maux facile à inventer.

Mais qui fait donc obstacle au char de l'instruction, que

(1) M. Chevalier, *Revue des Deux-Mondes* 1848, I.

tant de mouches-du-coche prétendent « *l'animer de leur » bourdonnement ?* » Et n'est-ce point un trop facile mérite que d'être persuasif, quand tout le monde est convaincu ?

Instruisons-nous, certes, instruisons tout le monde ; et qu'il y ait des écoles, des écoles..... que tout en fume !

Mais je n'aime pas voir n'opposer au paupérisme que l'instruction. Je crains ici deux choses.

1re crainte. C'est qu'on mette la charrue avant les bœufs. Robespierre a écrit avec raison : « Quand le peuple sera-t-il instruit? Quand il aura du pain. » (*Testament.*) En effet, il n'est point rare de voir une personne ou une famille instruites dans la misère. Il est plus rare qu'une personne ou une famille aisées restent dans l'ignarisme.

2e crainte. C'est que la haute finance ne pousse dans les journaux qui lui sont dévoués à cette réclame de l'instruction, comme à une diversion aux réformes qui la menacent, et qu'elle redoute ; les socialistes donnant dans le truc par prêtrophobie ; les formalistes couvrant devant la foule, de ce dernier trompe-l'œil, leur popularité aux abois.

Cette réforme efficace et possible, quelle est-elle ?

C'est une constitution *rationnelle* et *scientifique* de l'État.

C'est l'État dépouillé de ses *fonctions magistrales*, et doté de toutes ses *fonctions serviles*.

L'État n'ayant plus de *fonctions magistrales,* c'est-à-dire, car voici tout de suite la définition de ces fonctions magistrales, n'intervenant plus que par ses respects sur la conscience ou la vie spirituelle, sur la pensée ou la vie intellectuelle, sur le produit ou la vie économique des citoyens, souveraineté pleine et entière de ceux-ci. Emancipation non plus nominale mais absolue. En un mot liberté.

L'État ainsi déchargé de toutes fonctions incompatibles avec la souveraineté des citoyens, se retirant dans le cercle des fonctions que j'appelle à bon droit serviles, c'est-à-dire — nouvelle définition — chargé, en outre des services économiques *onéreux* qu'on lui a confiés de tout temps, des services économiques *lucratifs* qu'on lui a ravis, réaliserait, par cette fusion et cette concentration, 14 à 15 % de rabais dans le prix-de-revient de ces deux espèces de service. Il arriverait par suite à la possibilité de payer lui-même ses propres frais, de balancer ses pertes et profits, de couvrir les dépenses qu'il ferait d'une main par les bénéfices qu'il ferait de l'autre. En un mot, travailleur dans une Société laborieuse, il vivrait lui-même, comme tout le monde, de son travail.

Cela équivaudrait à la suppression de l'impôt : ou, ce qui est la même chose, à sa transformation radicale, ou, ce qui est une expression équivalente, à une réduction du prix des services économiques.

Or, ce prix des services économiques étant abaissé, il s'ensuivrait une merveille ; il s'ensuivrait dans la production agricole et manufacturière ou production des denrées et marchandises, une baisse de prix de revient, sans que ni salaires, ni bénéfices, ni revenus y soient diminués.

L'offre et la demande s'y accéléreraient donc respectivement. Prospérité simultanée des producteurs et des consommateurs.

En un mot aisance.

On le voit, je ne suis pas de ces libéraux excessifs qui mettent l'Etat à la porte, qui l'excluent de l'ordre social. Qu'on me pardonne la familiarité du mot en raison de sa justesse; je ne mets pas l'État à la porte de la société, je le mets à la porterie. Je l'installe dans les servitudes.

Je ne vais pas, comme M. de Molinari, rédacteur actuel du *Journal des Débats,* jusqu'à le frapper d'annihilation, jusqu'à proposer de livrer la fonction de sécurité elle-même à quatre compagnies financières, pour la plus grande gloire du principe *concurrence.*

« M. de Molinari soutient que la concurrence peut atteindre même les fonctions de gouvernement ou de l'Etat. » Jusque là, par exemple, qu'un jour viendrait où le gouvernement serait tout simplement, sous le nom de producteur » de la sécurité, un industriel comme un autre, faisant concurrence à d'autres industriels de même ordre, et leur » disputant leur clientèle. Dans cette hypothèse, l'Etat ne serait plus autre chose qu'un ensemble de compagnies d'assurances rivales ; et chacun irait à sa volonté s'abonner » librement à celle-ci ou à celle-là pour se faire garantir » contre les troubles dont il serait menacé, exactement » comme on fait garantir sa maison contre l'incendie, ou son » vaisseau contre un naufrage.

» Oh ! nous savons bien, dit M. Joseph Garnier, ce que » M. de Molinari peut nous répondre... si vous n'acceptez

» pas cette idée, c'est que vous n'êtes pas logiques; c'est que » vous reculez devant les conséquences de vos doctrines, car » cette idée découle nécessairement du principe général dont » vous partez... C'est ce qu'il faudrait voir (1). »

C'est ce qu'il faudrait voir? c'est tout vu. M. de Molinari vous accuse à tort d'inconséquence; pourquoi? parce que pour être inconséquent, il faut avoir des principes.

Or votre principe général est de n'en avoir aucun. Votre doctrine consiste à en manquer. Lesfaits, dites-vous! nous sommes pour les faits; nous les étudions dans leur développement spontané; nous ne faisons pas de l'arbitraire, nous faisons de l'observation.

Dans l'univers, la science peut se borner à observer les faits. Dans la société, elle doit viser à les rectifier. Car ici les faits issus du libre arbitre humain sont loin d'être toujours des faits naturels dans le sens normal; ils sont très-souvent des faits naturels dans le sens vicieux. Leur critérium doit donc forcément être pris en dehors d'eux.

Le critérium de M. de Molinari est la concurrence absolue. Et de là il conclut avec raison à la suppression de l'Etat. Il est logique. Vous admettez, aussi vous, la concurrence exclusivement. Vous ne connaissez pas de meilleur mode de travailler, vous n'en connaissez même pas d'autre. Et puis, quand c'est à voir, vous lui faites faux-bond. Vous donnez dans les exceptions.

La grammaire admet des exceptions, M. Garnier, pas la science. S'il y a des faits économiques qui repoussent la con-

(1) Joseph Garnier. Compte rendu des soirées économiques de la rue Saint-Lazare, par M. de Molinari, *Journal des Economistes*, 15 novembre 1849.

currence, c'est qu'il n'y a pas que ce seul mode de travailler. Dites-le donc, ce que vous n'avez pas fait jusqu'ici; ou subissez le reproche de M. Molinari, le reproche très-fondé et très-mérité d'inconséquence.

Je n'adopte point non plus l'an-archie avec MM. Proudhon, Belcarigue, Arguelle, le mot étant au fond plus répugnant que l'idée n'est fausse. Je rends hommage à la fière indépendance de ces théoriciens.

Je partage leur courageux mépris contre cette rotation au pouvoir de conspirateurs libéraux devenant despotes, et de despotes vaincus devenant libéraux. La pensée individualiste est vraie mais n'est pas toute vérité.

Je lui fais sa part en ne l'adoptant qu'à demi. Je la purifie de son excès. Comme le sens commun j'évite d'être exclusif.

Je supprime dans l'Etat toutes fonctions magistrales,
d'où la liberté.

J'impose à l'Etat toutes fonctions serviles,
d'où l'aisance.

J'ai déjà défini les fonctions que je supprimais, les fonctions magistrales; car sans définitions, pas de science; verbiage.

Ces fonctions magistrales, c'est l'intervention de l'Etat :
Sur la conscience des citoyens,
Sur leur pensée,
Sur leur produit.

Cette intervention radicalement supprimée, c'est la liberté radicalement effectuée. C'est chacun devenu souverain de soi-même.

Orgueil satanique! entends-je murmurer dans l'ombre.

Et quoi! vous me trouvez orgueilleux de vouloir m'appartenir? et quel orgueil alors, à celui qui veut que je lui appartienne? Qu'une race gubernative, comme dit M. Belcarigue, s'il en existe, me montre sa supériorité physique, morale, intellectuelle ! Mais au conseil-de-révision de la science, de la philosophie, de l'histoire, je ne vois jamais, sous l'œil de ces trois inspecteurs, que des familles équivalentes, c'est-à-dire pouvant produire en nombre indéterminé des hommes d'élite et des non-valeurs. Donc pas de superposition rationnelle et légitime.

Donc, dirai-je avec un archevêque de Paris : « Il n'y a que » la volonté divine qui puisse légitimement dominer la vo- » lonté humaine. Et par conséquent aucun homme par lui- » même ne peut faire la loi à son semblable ; pas plus une » nation qu'un individu.

» L'homme ne peut point aliéner sa personnalité, ni sa- » crifier sa liberté, si ce n'est à Dieu et pour Dieu. Voilà » comme le christianisme, non content d'affranchir l'homme » dans la famille, émancipe encore le citoyen de la servitude » de l'Etat ; servitude glorieuse tant qu'il vous plaira, mais » toujours servitude réelle de l'âme et du corps ; servitude » dégradante, puisque le citoyen était regardé et traité comme » la matière exploitable de l'Etat, comme sa chose, comme » sa propriété (1). »

La Réforme sort les choses privées, conscience, pensée, patrimoine, du régime communiste, c'est-à-dire de la régie de l'Etat.

Elle fait cela, par la suppression des fonctions magistrales.

---

(1) Mgr Sibour, mandement 1857.

Mais pour avoir l'aisance en même temps que la liberté, il faut faire en même temps entrer dans ce régime communautaire, les choses publiques, les services de même essence, soit onéreux, soit lucratifs ; car, par ce cumul des deux catégories de fonctions serviles aux mains d'un gérant unique et unitaire, vous réduirez leur prix de revient, qu'élève outre-mesure un fractionnement inique et illogique. Vous le réduirez énormément, ce prix de revient, par cette indivision qu'ordonne la justice, et par cette concentration qu'ordonne la science. Vous le réduirez de 10 à 15 0/0. Mais vous ne ferez pas que cela. Vous ne ferez pas que produire moins cher ; il sera prouvé que vous produirez encore plus, et meilleur. Il sera prouvé bien autre chose.

Voici, en effet, qu'en outre du résultat économique cherché, un résultat est obtenu, d'une tout autre nature et d'une égale utilité, qu'on ne cherchait pas.

Maintenir l'unité nationale par l'identité de culte, ou à défaut, par l'identité d'enseignement, a été jusqu'ici une tentative malheureuse.

En effet, elle est attentatoire à la liberté de conscience et de pensée, et repoussée comme telle, d'instinct par le sentiment public. Un lien matériel est donc tout ce qu'il reste à espérer au faisceau social, pour qu'il ne se désagrège pas. Eh bien, ce lien matériel, la réforme l'amplifie et le fortifie. Elle en universalise la puissance. Chose paradoxale et pourtant vraie. Elle combine avec la plus extrême liberté, la plus énergique centralisation; et par elle, échappant pour jamais à toute menace de dislocation, l'unité et l'individualité nationales sont assurées et achevées.

II

— Objection. — Vous nous prouverez que services onéreux confiés jusqu'ici à l'Etat, et services lucratifs concédés à d'autres, sont de nature homogène ; nous attendrons votre preuve. Mais admettons-la faite pour le moment, comment expliquez-vous que la fusion de ces deux catégories de services, qui eût amené, selon vous, tant de beaux résultats, n'ait pas été effectuée ; et, qu'au contraire, leur disjonction soit devenue de plus en plus complète ?

La faute en est à qui ?

— Réponse. — A un coupable multiple et anonyme : à la Révolution française.

La Révolution française est comme l'homme de Pascal,

Pleine de grandeurs et de misères.

On peut lui dire : Je t'humilie si on t'enfle, et je te relève si on t'humilie.

La révolution a eu deux inspirateurs.

Elle s'est inspirée en politique de Jean-Jacques Rousseau. En économie de Turgot.

En politique, s'inspirant de Rousseau, elle a maintenu l'Etat dans toutes ses fonctions régaliennes en l'intitulant républicain.

Elle l'a, le laissant maître, appelé serviteur.

Belle affaire que ce changement de nom ! serviteur ! Ce mot avait été pris à l'évangile par le philosophe de Genève. Malheureusement il n'avait pris que le mot et négligé la chose.

L'école Jacobine fit comme son maître. Elle ne put jamais être plus clairvoyante.

Et en 1848, nous avons entendu ses derniers représentants, les *délégués du Luxembourg,* accuser de cette façon leur candeur.

« Tout par l'Etat maître, ainsi parlait la tyrannie.

» Tout par l'Etat serviteur, c'est la devise de la liberté ! »

Eh ! mes braves, leur a crié Proudhon, si votre Etat fait tout dans l'un et l'autre cas, que m'importe le nom que vous lui donniez ! Appelez-le Melchisedec si cela vous plaît. Et la goguenardise de Proudhon était vigoureuse et lumineuse comme le bon sens.

La révolution a donc maintenu ou rétabli l'intervention de l'Etat dans ces trois choses essentiellement privées, savoir :

Conscience — ministère ou direction des cultes.

Pensée, éducation nationale, — ministère de l'instruction publique.

Travail et patrimoine — ministère de l'impôt, ministère des finances.

L'Etat républicain est resté identiquement sur la société émancipée ce qu'était l'Etat royaliste sur la société non émancipée.

Il est resté :

Semi-pontife.

Grand pédagogue.

Omni-percepteur.

Et avec cette grandissime erreur politique de Rousseau

a concordé la non moins grande erreur économique de Turgot.

Turgot, le bon Turgot, a été bien vanté. Il avait en effet le génie de l'honnêteté; mais peut-être pas beaucoup d'autre.

On sait qu'il était partisan enthousiaste de la théorie de Quesnay.

Graslin, de Nantes, la combattit, cette théorie, dans un concours ou, nonobstant l'engouement général, on lui décerna le prix. Il formula, dans son livre imprimé dix ans avant celui d'Adam Smith, les principes et les idées dont on a fait honneur à l'Anglais. *Sic vos non vobis.*

Mais enfin, la théorie Quesnay, la théorie physiocrate n'en fonda pas moins l'économie politique. Elle donna naissance à la science nouvelle, car une science n'existe que du jour où les faits qui constituent sa matière sont l'objet d'une systématisation quelconque. Et à ce propos une réflexion m'arrive.

Synchronisme admirable à la fin du 18e siècle!

1. Une science nouvelle.

2. La révolution française.

3. Le grand outillage.

De quoi écraser du même coup paupérisme et despotisme; de quoi réaliser l'une par l'autre richesse et liberté, mais avec du savoir faire qui manqua aux hommes, ou auquel manquèrent les hommes.

Je disais que le docteur Quesnay a eu la gloire de fournir aux faits économiques leur première hypothèse explicative. Dans cette hypothèse tout n'est pas faux. N'en disons d'ailleurs point de mal. On doit du respect aux morts, et la vérité aux vivants. Mais par la théorie de l'impôt foncier, de l'impôt *direct*, cette théorie concluait *indirectement* à ce que tout devînt propriété individuelle; et elle dissipait radicalement et virtuellement, toute idée d'un domaine indivis, d'un *dominium commune*. Turgot, quand survint la question de savoir si le sous-sol était à la nation, influa donc beaucoup sur ceux qui opinèrent en sens contraire, et ils furent très-nombreux et très-ardents.

On lit dans la *Revue des deux Mondes,* 2e période, t. XI, p. 657 :

« Une conclusion ressort, à presque toutes les époques de » la législation, de presque tous les peuples, c'est que les mi» nes doivent être considérées comme des propriétés publi» ques..... Ce système avait prévalu en France jusqu'à ..89.
» Mais un peu avant cette époque les économistes, notam» ment Turgot (1), par cette horreur qu'ils éprouvaient et » qu'ils répandaient contre tout ce qui était monopole, avaient » soutenu qu'il fallait que les mines devinssent la *propriété* » *privée* de ceux qui les découvraient, leurs inventeurs de» vant être leurs exploitateurs. » Comme si une découverte dans le sol national était assimilable à celle faite dans un désert d'Asie ou d'Amérique !

Un élève de Turgot, le sieur Heurtaut de la Merville, s'écria dans la *Constituante:* « Il faut que le plus petit proprié» taire français soit libre dans tout l'espace perpendiculaire » à sa propriété, depuis la région des airs, jusqu'au centre » de la terre (2). »

Pourquoi ne pas plutôt partager le globe en cartelles comme un melon?

Heureusement que Mirabeau ramena l'opinion en déclarant que la propriété minérale est une propriété toute dis-

---

(1) Œuvres de T. des mines et des carrières, IV, 106.
(2) *Moniteur,* mars 1791.

tincte de la propriété végétale. Ecoutons le véritable homme de génie. « Je dis que l'intérieur de la terre n'est pas susceptible d'un partage. Que les mines par leur marche irrégulière le sont encore moins. Que quant à la surface l'intéret de la société est que les propriétés soient divisées ; que dans l'intérieur de la terre il faudrait au contraire les réunir si elles ne l'étaient. (1)»

Nous reviendrons à ces débats; nous verrons l'influence de Turgot ne pouvoir amener qu'un compromis, entre les deux systèmes contraires dans la loi du 28 juillet 1791 ; mais, fortifiée de celle d'Ad. Smith. (Ce grand Allah il Allah dont J.-B. Say fut chez nous le prophète), inspirer l'article du code civil 552, où il est dit : « La propriété du dessus emporte la propriété du dessous. » Et cette formule quoique non absolue, quoique suivie de ces mots « sauf les modifications résultant des lois et réglements relatifs aux mines, » pesa énormément sur la loi de 1810, qui fut non moins explicitement individualiste, malgré son premier rapporteur Fourcroy.

Toujours est-il que cette idée de donner pour solde à la *force publique* la gestion de la *fortune publique*, fut une idée économique totalement insoupçonnée de tous les hommes de 89, la plupart imprégnés des enseignements de Turgot.

Pauvres pères conscrits de la liberté ! votre fille avait une dot, une superbe dot, que, comme trois fées bienfaisantes, la nature, la justice et la civilisation lui avaient ménagée. Cette dot, *res omnium res nullius*, au lieu de la lui constituer, vous avez laissé votre jeune liberté s'en aller quêter à domicile, la sébile en main, la sébile du vieux fisc et suivie hélas ! du porteur de contraintes. En la voyant ainsi dans cet accoutre-

---

(1) *Moniteur*, mars 1791.

ment qui n'était pas digne d'elle, les peuples ne l'ont pas reconnue, et ils lui ont dit : va-t-en ! tu n'es pas la liberté !

L'impôt, le vieil impôt, l'impôt vieux comme Hérode, l'impôt vieux comme tous les tyrans, l'impôt monarchique enfin, n'a donc changé en 89, comme l'avait fait l'Etat, que de nom. Tous les deux sont restés les mêmes, *mutato nomine* (1).

L'Etat est resté dessus, et la Société est restée dessous. De révolution, *revolvere!* rien. Je me trompe : une lutte indécise et des protocoles de victoires. L'impôt, en fait de changement a été remplacé quant au nom, par le mot *contributions*. Ajoutons, par amour de l'exact, meilleure comptabilité perceptorale.

Preuve et témoignage de cette permanence fiscale.

« Le système actuel de l'impôt en France semble basé, » au moins dans ses points principaux, sur la routine d'avant » la révolution, et paraît n'être qu'un accommodement des er- » rements de l'ancien système aux circonstances actuelles. » En matière de finances la Révolution n'a pas posé les

(1) L'impôt monarchique a tous les vices. Tous ces vices prouvés par tant d'écrivains, je les établirai à ma façon. D'ici là, considérons en passant que rien que ses frais de perception, 150 millions peut-être, sont un travail mort et stérile, une perte sèche de la société. C'est comme si la nation jetait à la mer pareille somme tous les ans.

Considérons aussi que s'il nuit à la production par ce qu'il prend, c'est surtout par la manière dont il prend. Il gaule le fruitier non-seulement quand il a du fruit, mais quand il n'est qu'en fleurs. L'impôt est encore inique en ce qu'il prend à tous uniformément et ne rend pas de même. Sous ce rapport, il peut être comparé à une atmosphère, non pas celle où l'on vit, mais plutôt où l'on meurt. Il pompe goutte à goutte la richesse, en pesant toutefois plus lourd sur la plaine que sur les sommets. Et toutes ses aspirations une fois condensées en milliards au budget, il nous les retourne en pluie féconde, mais féconde pour qui d'abord ? Pour les hauteurs d'où elle ne redescend qu'après les avoir saturées.

» vrais principes. Elle s'est contentée d'abolir les inégalités
» choquantes et les abus monstrueux (1). »

Voilà le témoignage.

Voici la preuve. La voici en tableau.

L'IMPOT SOUS LOUIS XIV.	L'IMPOT ACTUEL.
1. Taille réelle, personnelle	1. Contrib[s]. foncières et mobilières. personnelles.
2. Les Aides.	2. Droits sur les boissons.
3. Douanes provinciales.	3. Octrois de ville.
4. La Gabelle.	4. Droits sur le sel.
5. Papier de formule, contrôle.	5. Timbre et enregistrement.
6. Traites foraines.	6. Douanes frontières.
7. Domaine poste, casuel.	7. Domaine poste, redevances, tabac.
8. Affaires extraordinaires ou emprunts.	8. Ressources extraordinaires ou emprunts.

Je poursuis mon explication.

En outre d'une secte économique pour la conseiller et la justifier, la disjonction des services onéreux et des services lucratifs, a rencontré en sa faveur l'intérêt de caste et celui de dynastie.

---

(1) Le journal anglais *Leader*, cité dans la *Presse* 23 décembre 1852.

Napoléon réunissait, comme on l'a dit, à son éducation de Jacobin, ou Jean-Jacquiste, les préjugés d'un réactionnaire et l'égoïsme d'un chef de race. Ma noblesse sans richesses exceptionnelles, se dit-il en se constituant une cour, n'en sera pas une. Or, de ces richesses exceptionnelles le travail ne pouvant pas être la source, il faut que ce soit le domaine public. « Il regardait comme un de ses titres de gloire d'a- » voir, par sa législation minière, créé un nouveau genre de » propriété. En quoi il ne se serait pas trompé, si l'exploita- » tion minérale avait pu être assimilée à l'exploitation agri- » cole (1). »

Napoléon a donc commencé le système des concessions, qui n'a fait, sous les autres règnes, que croître et embellir. « Eh bien ! de ces concessions il en existe par centaines. La » France s'étiole sous leur pression..... Mais il existe à cet » égard des choses exorbitantes, fabuleuses. Ainsi nous pour- » rions citer telle concession d'écluse, construite depuis 26 à » 28 ans, dont les frais d'établissement n'ont pas dépassé 60 » mille francs, et qui produit depuis lors 60 et 70 mille » francs..... par an (2) ! »

Pauvres Pères conscrits de la Révolution ! je reviens à vous. Vous vous étiez encore fait cette illusion. Vous vous étiez dit : — par la loi du partage égal entre les enfants, les fortunes excessives cesseront d'être éternelles. De temps en temps il se constituera des héritages aristocratiques, qui pourront durer quelques générations. Cela est utile à l'éclosion des vocations supérieures, à la culture des hautes études littéraires, scientifiques, politiques même. Mais au bout de peu

(1) Proudhon, théorie de l'impôt, 313.

(2) *Démocratie pacifique*, 29 novembre 1849.

de temps, les héritages étant soumis à une dycotomie incessante, il faudra qu'on rentre sous la loi morale du travail obligatoire. Il n'y aura donc point à l'avenir de pauvretés permanentes ; ni non plus une caste de riches à perpétuité, la pire des castes, en remplacement des castes seigneuriales que nous supprimons. — Voilà ce que vous vous étiez dit, hélas ! Vous avez encore ici annulé vous-mêmes vos bonnes intentions, naïfs révolutionnaires. Vous avez laissé prendre les services lucratifs, en n'imaginant pas de les attribuer à l'État à titre de fonctions et en guise d'impôt. Vous avez omis de déclarer incessibles et de rendre inaliénables toutes choses ressortant du domaine public. Vous n'avez pas prévu.... Ah ! mais tant pis pour vous ! Vous n'avez pas prévu?.. faire de la politique c'est prévoir. Quiconque n'est pas doué puissamment du talent de prévision, s'il se trompe en politique, mérite châtiment. *Fallait pas qu'il y aille*, dit le peuple avec raison, il n'y était pas forcé. C'est vrai, chacun est obligé, capable ou non, de travailler à ses affaires privées, mais nul n'est jamais contraint de s'atteler aux affaires publiques. Abstention, ou infaillibilité. Le dilemme est juste. Votre erreur est involontaire, direz-vous. Je le veux. Alors il n'y a eu qu'outrecuidance de la part de votre ambition ; mais cette outrecuidance ambitieuse a les deux caractères du crime, savoir : de faire beaucoup de mal quand il vous était loisible de n'en faire aucun. — Je poursuis... vous n'avez donc pas prévu, hommes de 89, ce fait aujourd'hui si visible, ce phénomène si prodigieusement accusé, à savoir : que sur le domaine public, le mouvement de concentration des fortunes dépasse le mouvement de dispersion des héritages, que le monopole y joue en multiplicateur, plus énergiquement que la loi des partages égaux en diviseur. D'où ces fortunes colossales, rapides, indestructibles, passant de pyramides à l'état de montagnes (1) et produisant dans nos mœurs contemporaines trois effets, à qui plus calamiteux. Rupture d'équilibre et perturbations dans le monde commercial, luxe ultra-scandaleux et démoralisateur dans le monde domestique, et soumission, dans le monde politique, du sort des états aux caprices des rois de la finance. Voilà ce qui est arrivé; et je crois sans peine que vous n'en reviendriez pas de voir ce qu'est devenue votre démocratie et ce qu'elle a produit. Tous les jours sa maternité stupéfaite donne naissance à des nichées de barons, comtes, marquis, ducs et vidames, lesquels au moyen du talisman, *Sésame ouvre-toi*, pénètrent dans les anciennes familles d'écusson, et les restaurent par leurs écus : si bien que, votre ex-aristocratie laissée pour morte, accouplée de la nouvelle, ressuscitent à elles deux, plus vivant et plus dangereux que jamais, le dualisme social. Et certes si nous, vos enfants, n'avons pas, comme nos pères, le tableau d'une nuit du 4 août ; s'il ne nous est pas donné d'assister à ce beau spectacle de sacrifices et de dévouement, ce ne sera pas que les seigneurs à grands apanages nous manquent, pour y être convoqués, et faire aux autels de la patrie des offrandes dignes d'eux et à niveau de ses besoins.

« La misère, s'écriait à la tribune Victor Hugo, la misère

---

(1) « Un des *Juifs rois de l'époque,* M. Fould, disaient les journaux (été de 1866), a donné *cent millions* de dot à sa fille..... adoptive, » adoptive..... il y avait en général peu de légitimité à la cour de Napoléon III.

« Feu le baron de Rothschild, de Paris, m'a dit que si, à un moment donné, le gouvernement anglais, à la tête duquel je me trouvais alors, avait besoin de 100,000,000 de livres sterling (*deux milliards et demi*), il serait heureux de les lui prêter. »

(Lettre de lord Russel à l'éditeur du *Times.* — *Le Français,* 29 novembre 1870.)

» est une maladie du corps social, absolument comme la lè-
» pre est une maladie du corps humain. Elle peut et doit
» disparaître comme la lèpre a disparu..... détruire la misère,
» oui, cela est possible! très-possible (1).

» Peut-on bien dire, répliquait M. Gustave de Beaumont,
» d'une manière générale, on *peut* et par conséquent on
» *doit*, détruire la misère. Oh ! plût à Dieu qu'il fût possible
» de réaliser de pareilles paroles ! Eh ! sans doute il n'y a
» personne ici dans cette assemblée qui ne vînt offrir ses
» efforts et ses sympathies ! »

Et un autre ultra-millionnaire renchérissait de générosité dans une réplique équivalente. C'était M. Benoist d'Azy.

« M. Victor Hugo a dit que l'Etat avait la possibilité de dé-
» truire la misère... Ah ! plût à Dieu qu'on pût supprimer la
» misère !.... Examinons vos théories... prouvez que ces espé-
» rances ne sont pas des déceptions, et nous sommes prêts à
» vous seconder dans l'intérêt de l'humanité, lequel passe avant
» tous les autres. Faut-il pour cela des sacrifices ? Faut-il le
» sacrifice de ce que vous enseignez au pauvre à regarder
» comme un obstacle à sa prospérité, c'est-à-dire la richesse ?
» Croyez-vous que si c'était vrai, la richesse ne viendrait pas
» elle-même ici faire son sacrifice. (Approbation au centre).
» Oui ! vous verriez recommencer la fameuse nuit du 4
» août (2) ! »

Je crois à la sincérité de la déclaration.

Dans la double erreur des deux chefs d'école de la Révolution, erreur politique de Rousseau, erreur économique de Turgot, le dédoublement des services onéreux et des services lucratifs, leur disjonction des premiers aux mains de

---

(1) *Moniteur*, 30 octobre 1849.
(2) Ibid., même séance du 9 juillet 1849.

l'Etat, des seconds aux mains des concessionnaires, a donc sa source d'origine, et son explication première. L'explication se complète dans l'enchaînement fatal des évènements ultérieurs. Il est clair que, l'Etat gardant l'énorme embarras de ses fonctions magistrales, on ne pouvait guère songer à amplifier ses soucis et sa puissance par l'addition successive de fonctions serviles. En théorie, c'eût été presque réaliser l'idéal du communisme, et la liberté eût péri peut-être par l'emploi malheureux de ses propres moyens d'existence ! En tout cas, c'eût été une surcharge de besogne telle que l'Etat monarchique, dynamiquement organisé moins pour le travail que pour la surveillance, eût succombé à la tâche, ou s'en fût extrêmement mal acquitté. A tout prendre, les prémisses posées, et les conséquences étant inévitables, le parti qu'on a pris était le seul pratique, de livrer les concessions domaniales à des solliciteurs particuliers. Ceux-ci, en outre de toutes les raisons éloquentes que l'ordre de choses leur fournissait, n'avaient-ils pas d'ailleurs mille complices intéressés à ce qu'on leur confiât l'objet de leur demande, complices pouvant, la plupart, appuyer leur conviction de leur haute influence et de leur vote.

Ainsi s'explique cette bifurcation passée à l'état de fait accompli, et de fait peut-être irrévocable, car il y aurait prescription pour certains puristes.

Bifurcation dans les fonctions serviles.

A l'Etat les services onéreux.

Aux Compagnies les services lucratifs.

La réforme concluant au contraire comme ceci :

A l'Etat toutes fonctions serviles et plus de magistrales.

Au paragraphe suivant j'aborde la définition formelle de ces fonctions serviles.

III

Raisonner c'est classer, et classer c'est conclure. Classons donc.

Il n'y a pas de science sans définition, ai-je dit, ni non plus sans classification. Pourquoi refuse-t-on souvent à l'économie politique son caractère scientifique? c'est que souvent elle n'est que l'enregistrement empirique des faits tels qu'ils se produisent; et cette observation mécanique fût-elle renforcée de chiffres et de tableaux n'est pas, en effet, œuvre de savant, mais métier de photographe (1).

(1) Je donne ici une curieuse citation, où le vrai et le faux sont porphyrisés et mêlés ensemble. C'est un article du *Moniteur industriel* du 29 février 1852.

« Y a-t-il une science économique? Non. La chute des idées révolutionnaires entraîne la chute de l'économie politique et la raye du catalogue des sciences. Le nom de science s'applique en général à un ordre distinct de faits, régis par des lois particulières. Si un objet d'étude déterminé est le point de départ de la science, qu'est-ce que l'économie politique? Malthus convient qu'il paraît impossible d'en donner une définition exacte. M. Rossi dit que c'est la science des richesses. L'économie politique, dit J.-B. Say, n'est autre chose que l'économie de la société. Le bien être politique, en tant qu'il peut être l'ouvrage de son gouvernement, est l'objet de l'économie politique, dit Sismondi. J.-B. Say repousse l'action du gouvernement. Sismondi l'invoque. Ecoutons M. Storch. « L'économie politique est la science des lois naturelles qui déterminent la prospérité des nations, c'est-à-dire leur richesse et leur civilisation. » Buchanan n'est pas moins explicite. « L'économie politique peut être considérée comme une théorie de gouvernement, ayant pour but essentiel le bon ordre et la justice dans l'Etat; la richesse nationale en est une conséquence nécessaire quoiqu'indirecte. » D'après tous ces auteurs, l'économie politique ce serait la science universelle.

J'ai à donner ici des *fonctions serviles* une définition formelle. Pour cela, je le répète, un recours est nécessaire à la méthode classificatrice.

Pour un homme de bon sens ce serait tout simplement le chaos. Les pères de l'économie politique ne brillaient pas par la rectitude de l'esprit. Il y avait plus d'un grain de folie dans la tête du docteur Quesnay et dans celle du marquis de Mirabeau. Les physiocrates étaient les socialistes du temps. Le livre de Mercier de la Rivière est en effet intitulé, *de l'ordre* naturel et essentiel des sociétés politiques. En Allemagne et en Italie l'économie politique a conservé le caractère qu'elle avait à sa naissance; elle est restée la *science de toutes les réformes*. Cette absence totale de limites est la négation même de la science. L'organisation ou la réorganisation du monde n'a jamais constitué une science. Les économistes modernes ont été obligés de se rabattre sur un terrain moins élevé pour se rendre accessibles au vulgaire. Ils sont revenus à cette définition en apparence modeste; l'économie politique est la science des richesses.

» Hélas! tout n'était pas fini. Il n'y a pas eu moyen de s'entendre sur la richesse. Les uns ont fait consister la richesse dans l'or et dans l'argent; d'autres dans le seul produit de la terre. On a distingué la richesse de la valeur: on a entassé distinctions sur distinctions. Pas un des termes de cette prétendue science qui n'ait suscité un volume de discussions.

» En parcourant les écrits des économistes, dit M. Rossi, on aurait peine à nommer deux hommes éminents dans la science qui s'accordent sur sa nature et sur ses limites. Que l'on étende plus ou moins les limites d'une science, nous le comprenons; mais il nous semble qu'une science dont il est impossible de déterminer la nature est bien prés d'être une chimère. Ecartons d'abord l'idée des richesses intellectuelles. Certes il y a peu d'aberrations aussi amusantes, que celle de confondre les qualités morales avec la richesse, et de les mettre en compte à l'actif commercial d'une nation. Rien n'est plus populaire que le mot de *richesse*... Il a depuis bientôt six mille ans un sens sur lequel personne ne s'est jamais trompé. Le genre humain, à ce qu'il paraît, était dans l'erreur. La vertu, le courage, la sobriété, le génie et la poésie sont de la richesse au même titre que les bœufs, les ânes, les fruits, etc. L'économie politique est la science de la richesse matérielle ou elle n'est rien. Il ne faut pas la confondre avec l'idée de bien-être. Le bien-être est un fait moral étranger à l'idée de richesse. Il a son principe dans un con-

On se sert souvent de cette locution : sphère d'activité sociale.

Cette locution disant bien ce qu'elle veut dire, acceptons-la. Et dans cette sphère d'activité sociale, distinguons deux hémisphères.

1° L'hémisphère supérieur : et mettons ici les choses supérieures de l'humanité, les choses de la conscience et de la pensée.

2° L'hémisphère inférieur : et mettons ici les choses de la vie économique, les richesses particulièrement échangeables et consommables.

Mais, en outre de cette distinction, il y a encore à subdiviser dans nos deux hémisphères, et voici ces subdivisions.

Dans l'hémisphère supérieur, cultes, croyances, églises,

---

tentement intérieur auquel la richesse peut contribuer. Il ne suppose pas que la richesse et il peut s'en passer.

» Que devient l'économie politique entre les mains de M. Rossi, qui remédie à tout par la distinction : science pure, science appliquée?

» En qualité de science appliquée, elle se perd dans un empirisme grossier. En qualité de science pure elle est sans objet. A. Smith, malgré son ambition de traiter de la *richesse des nations,* ne parle en définitive que de la richesse des individus. La dénomination de richesse nationale est une fiction. Il faut pourtant qu'il y ait une richesse nationale pour constituer l'objet de l'économie politique.

» Dans le communisme seul il y a une richesse nationale. Le sol appartient à la communauté qui est d'autant plus riche que le sol est plus fertile. Les économistes ont cru que la richesse d'une nation se composait de la richesse de chacun de ses membres. C'est comme si l'on disait que la force d'une nation se compose de la force de chacun de ses membres. L'économie politique opère dans le vide. Elle se débat au milieu d'affirmations contradictoires. A. Smith écrit 5 ou 6 volumes sur la *richesse des nations,* et il ne reconnaît pas l'unité nationale, il ne sait pas ce que c'est. Il additionne les fortunes particulières et il s'imagine avoir au total la richesse nationale. L'erreur, toute grossière qu'elle est, a été adoptée par tous nos professeurs d'économie politique. Elle sert communions, dogmes, symboles, sacrements, liturgies, rite et prières.

Toutes ces choses de la vie spirituelle se superposent naturellement aux choses de la vie rationnelle et intellectuelle, qui sont : philosophie, métaphysique, histoire, littératures, beaux-arts, théories et doctrines, sciences de toutes sortes, méthodes d'apprentissage, d'enseignement, d'éducation, instruction morale, artistique et industrielle, etc. D'où, je le répète, dans cet hémisphère diversement rempli, la reconnaissance de deux zônes superposées, mais en contact, et qui font plus que se toucher par les bords, qui ne sont pas sans envahissements et sans enclaves, qui se pénètrent par bien des points, mutuellement. —

Nous ne reconnaissons à votre subdivision supérieure,

---

de prétextes à leurs systèmes. Le socialisme est né de cette théorie de la richesse nationale. Les économistes se sont défendus d'avoir été les complices du socialisme. Dans une certaine mesure et au point de vue des intentions, c'est vrai. Mais ils n'ont pu combattre le socialisme, qu'en se retournant contre eux-mêmes. S'il y a une richesse nationale, n'est-il pas juste que la nation régle la production de cette richessè suivant de justes lois? La nation est toujours représentée par son gouvernement. On ne se figure pas une nation sans un gouvernement qui est son interprète ou son mandataire. Le socialisme, et c'est là son tort, a pris au sérieux l'économie politique. Il a pensé que la richesse nationale n'était pas une simple métaphore. En ramenant à l'idée de la communauté toutes industries, toutes propriétés privées, il a été fidèle à la logique. » — M. Coquille.

Toute diatribe que je l'aurais pu le nommer, cet article de l'éminent publiciste est vraiment étincelant. C'est un sablon intellectuel tout parsemé de paillettes d'or, mais il y a aussi du mica. Et beaucoup.

» Je recommande au lecteur, quand il aura achevé de me lire, de rétrograder sur cette longue citation. Il en aura la clef. Il y pourra distinguer le vrai, le demi-vrai, le quasi vrai de l'inexact, du forcé, du faux absolu. Je ne renonce pas d'y revenir moi-même et d'en faire le commentaire instructif.

me diront les athées, qu'une réalité très-transitoire et très-caduque. Toute religion est condamnée prochainement à disparaître. — Dieu me garde d'entrer en discussion avec ces Messieurs. Non que leurs airs tranchants et supérieurs m'en imposent. J'ai mesuré bien des fois leur diamètre intellectuel. Je pense qu'en général, et sauf quelques exceptions, pour voir comment un sot est fait, ils n'ont qu'à prendre leur miroir.

Soit toutefois, à leur adresse, le simple passage suivant d'un de nos écrivains politiques actuels.

« Plutarque faisait remarquer, il y a dix-huit siècles, que
» s'il y a des villes qui manquent de culture littéraire, et
» même des arts utiles à la vie, il n'y en a point qui soient
» sans Dieu ; on n'en a jamais vu, ajoutait-il, auxquelles la
» prière et le sacrifice soient inconnus ; on n'en verra jamais.
» Depuis, le globe terrestre a été exploré dans tous les sens,
» et l'observation du pieux philosophe de Chéronée n'a point
» reçu de démenti sérieux. La religion est un fait universel ;
» elle se rencontre au milieu des peuples les plus barbares,
» aussi bien qu'au sein des nations les plus policées. C'est
» qu'elle n'est, selon l'expression de B. Constant, ni une dé-
» couverte de l'homme éclairé qui soit étrangère à l'homme
» ignorant, ni une erreur de l'homme ignorant dont l'homme
» éclairé se puisse affranchir. C'est qu'elle a ses raisons dans
» la nature humaine, et que l'homme est un être religieux
» au même titre qu'il est un être sociable et un être doué
» de la faculté d'exprimer ses pensées par la parole (1). »

Dans l'hémisphère inférieur, même subdivision, non cette

(1) Michel Nicolas, *Dictionnaire politique de Block*. 1867.

fois sous forme de deux zônes superposées, mais plutôt de deux circonscriptions collatérales et distinctes, bien que solidaires. L'esprit attentif les sépare nettement sur le champ de la réalité où toutefois, à l'œil, elles semblent entremêlées et se confondre.

Ces deux circonscriptions économiques, je demande qu'on me les accorde, en attendant qu'elles soient démontrées, et qu'on me permette de leur donner un nom caractéristique avec une première indication de leur contenu.

Circonscription N° 1.

Je l'appelle *dominium commune,* ou *ager publicus.* Et elle renferme du capital intégral de la nation la portion qui, selon moi, ou plutôt d'après toute notion de justice et d'utilité, est indivise et doit l'être : en d'autres termes, la totalité des instruments de travail, soit concrets, soit abstraits, à destination de tous, étant l'œuvre de tous : l'ensemble des propriétés, industries et fonctions d'ordre universel et public, auxquelles s'applique cet axiome de droit : *res omnium, res nullius.*

Voilà ma circonscription N° 1. La voilà, quant à son espèce.

Quant à sa grandeur : elle est bien à peu près dix fois moindre que la circonscription N° 2. Et, pour avoir, par anticipation, de leur valeur respective une idée telle quelle, soit le tableau suivant, vrai ou approximatif peu importe.

La géométrie raisonne juste sur des figures fausses. Faisons de même, raisonnons juste tout le long de mon livre sur des chiffres inexacts.

« BILAN GÉNÉRAL DE LA FRANCE.

ACTIF.			PASSIF.		
Domaine public.	10	milliards	Dette publique..	8	milliards
Capital foncier..	92	—	Dette hypothécaire........	14	—
Capital mobilier.	32	—	Dette chirographaire......	6	—
Ensemble...	134	milliards	Ensemble...	28	milliards

BALANCE.

Actif......................	134	milliards
Passif	28	—
Différence............	106	milliards (1). »

Voilà ma circonscription N° 1.

Circonscription N° 2.

Je l'appelle *dominium civile, ager privatus*. Elle renferme du capital intégral de la nation la portion que se sont appropriée, par leur travail créateur, les individus avant même qu'ils fussent nation; la portion divisée et morcelée, dès le principe, en héritages; en d'autres termes, la totalité des ins-

(1) ÉMILE DE GIRARDIN, *Socialisme et Impôt*, p. 194. 1849.

truments de travail, concrets ou abstraits, qui, n'étant l'œuvre que de chacun, doivent n'être à destination que de chacun ; l'ensemble des propriétés, industries et fonctions d'ordre civil et particulier, auxquelles s'applique cet axiome de droit : *cuique suum.*

Voilà ma circonscription N° 2. La voilà quant à son espèce. Quant à sa grandeur, je l'estime à vue d'œil, je le répète, dix fois plus grande que la circonscription N° 1. On jugera de mieux en mieux de cette grandeur respective, à mesure que le contenu de ces deux circonscriptions recevra tout son énoncé détaillé et spécifié.

« Tous les jours, a dit Leibnitz, le passé se refait l'avenir. »

Proudhon est plus explicite dans la même pensée. « L'ordre social, dit-il à bon droit, ne se trouve pas dans des combinaisons éloignées des routes battues et sans antécédents historiques (Fourriérisme, par ex.). Il est dans les exemples et les souvenirs du passé. Il est surtout dans le présent. Pour confondre tous les inventeurs d'utopies sociales, un seul argument suffit. Vos précurseurs? vos ancêtres? Montrez-nous le degré de parenté qui vous lie à la société, soit ancienne, soit actuelle. » *De l'Ordre.* 362.

Le caractère historique des deux circonscriptions dont je signale l'existence sur l'hémisphère économique, est évident d'une part ; et d'autre part n'est pas un défaut, au contraire. C'est un premier mérite qui ressort suffisamment de la physionomie latine des dénominations dont je me sers. Je veux cependant y insister un peu, par quelque texte d'érudition. Je ne serai pas long : *res, non verba.*

« Après avoir divisé son peuple en tribus et en curies, dit

» Denis d'Halicarnasse, Romulus partagea le sol en trente
» portions égales, et assigna une des portions à chaque curie.
» Du surplus des terres il fit la part à l'État (1). »

« Les terres du domaine de l'État n'avaient d'autres li-
» mites que leurs limites naturelles : *Pascua et compascua*,
» *agri arcifinales*. »

Au contraire : « La délimitation était le cachet de la pro-
» priété civique. *Agri limitati, agri divisi. Quâfalx et arater
» ierit* (2). »

« Cette division est du berceau de la civilisation romaine
» et subsista jusqu'à une époque fort avancée de l'histoire
» dans toutes les colonies, *effigies parvœ,* fondées à l'image
» de la métropole (3). »

Chez nous, au moyen-âge, et encore de nos jours, « à la
» commune rurale étaient attachés des biens qui apparte-
» naient à tous, des terres gastes, le patrimoine de
» tous (4). »

La loi du 19 juin 1793 ordonna et régla le partage de ces diverses terres gastes. On obéissait au besoin de pousser à la culture et de diminuer les jachères. On obéissait aussi au sentiment individualiste et bourgeois, excité par les théories appropriatives de la science du temps. Dans ces terres gastes, les déshérités de la commune avaient au moins la consola-

(1) Antiq. III. 1.
(2) La Boulaye, *Histoire de la Propriété*, 1869.
(3) *Ibid.*
(4) Journal *l'Assemblée nationale*, 3 septembre 1849.

tion de ne pas se sentir absolument déracinés du sol qui les avait vus naître ; et la vache du pauvre, la chèvre du mendiant, n'en étaient point réduites, comme aujourd'hui, aux lisières de la route. A la Constituante de 1848, M. Champavans proposa d'ach ver le partage par tête de ces terres communales. Le comité s'y opposa, sur des motifs trop sympathiques à ma thèse, et trop vrais pour que je me refuse le plaisir de les citer textuellement.

« Le comité considéra que les biens communaux doivent » être perpétuels, comme les services et les intérêts aux- » quels ils sont destinés ; qu'ils appartiennent aux habitants » *ut universa*, et que dès lors ils ne peuvent être partagés ; » que le partage constitue une violation du droit de pro- » priété, une spoliation de la commune en faveur des parti- » culiers, que les générations futures étaient ainsi déshé- » ritées au profit de la génération actuelle (1). »

Ah! certes, je ne suis pas de ceux qui savent faire poser leur candidature par les meneurs du suffrage universel actuel; je n'ai jamais eu qu'une fois, en 48, et de la part de mon département natal, l'honneur de figurer sur une liste : et encore une destitution d'un des préfets, sur deux, qui fonctionnaient à Vannes, fit mettre cette liste *a remotis*. Mais, comme en témoignent quelques articles de moi dans la *Vigie du Morbihan* d'alors, mes idées présentes étaient déjà assez ardentes et assez nettes dans mon esprit, pour que, au sein d'une *Constituante* où de pareils considérants dirigeaient un comité, j'aurais eu, peut-être avec succès, l'audace de reporter les mêmes principes à la tribune, et de les appliquer

---

(1) *Moniteur* du 7 août 1849.

de cette hauteur, non plus à quelques hectares en friche, à quelques landiers réfractaires au chaînage de l'arpenteur, mais à mon *ager public* tout entier.

« Et vous confondez socialiste et voleur, aurais-je dit aux orateurs du régime capitaliste! Les socialistes ne sont pas des voleurs, ils sont des volés. Légistes partageurs, qu'avez-vous fait de ce qui devait rester indivis, mines, voirie, banque, assurances? de ces biens communaux qui, le dit excellemment un de vos comités, doivent être *perpétuels* comme les *services* et les *intérêts auxquels ils sont destinés, qui doivent appartenir et profiter à tous*, UT UNIVERSA? Qu'en avez-vous fait, économistes anglicans et jurisconsultes individualistes? Depuis soixante ans, vous les morcelez en priviléges, vous les livrez à des concessionnaires favoris, en violation du droit de propriété. Ce que la Providence, ou la collectivité des travaux, ou la civilisation, a donné à tous, vous en avez spolié la commune en faveur de particuliers. Les pauvres veulent le partage? Eh non! ce n'est pas de leur côté, c'est du vôtre, que sont les partageux! »

Mais, je le répète, le suffrage universel, mené comme un éléphant par quelques cornacs, avait bien d'autres candidats sous la main, et le danger d'être rappelé à l'ordre par M. Dupin, ou de subir le sort de Baudin sur une barricade, a été imposé à de plus dignes. Revenons.

Voilà donc aux extrémités des temps, aux lointaines origines de notre civilisation latine, et dans la succession des époques postérieures, nos deux *ager*. Les voilà dans leur forme d'abord embryonnaire. La longue période moyen-âge de notre civilisation chrétienne les a tenus, si je puis dire, en incubation. Mais en 89, en 48 et surtout (vivons d'espérance) en 1870, c'était, ou ce sera, à la Révolution française à leur donner en plein la vie, la résurrection et le triomphe. Il s'agit de souvenirs traditionnels ici, bien entendu, et non rétrogrades. L'hémisphère économique, certes, n'a rien qui se ressemble chez un clan de pâtres guerriers cantonnés au *Latium*, voilà trois mille ans, et une grande nationalité du XIXe siècle; la ligne qui doit séparer l'indivis et le particulier, cette ligne de partage ne peut avoir même périmètre chez quelques milliers de paysans barbares, possédant pour tout capital leur couche d'humus, et chez 38 millions de travailleurs exploitant depuis des siècles, sous les lumières d'une science de plus en plus positive, un riche bassin géologique, avec un immense outillage qui s'accroît et se perfectionne toujours.

Notre *domaine public* d'aujourd'hui, notre domaine public officiel est bien loin, lui-même, de correspondre à mon *dominium commune*. Je rendrai, toutefois, cette justice à la législation française, à la législation de ma noble France, aimée de Dieu, car elle est amie des pauvres, c'est que toutes les parties de ce même *dominium* ont toujours gardé à ses yeux une nature spéciale. Elle n'a pu empêcher des faits d'aliénation qui ont, en définitive, bien des excuses, et dont les circonstances ont atténué presque radicalement l'illégitimité théorique. Mais elle a fait tous ses efforts pour que ces faits d'aliénation, moitié heureux et moitié fâcheux, ne soient du moins jamais affectés d'une irrévocabilité absolue. La loi civile régit la propriété privée; une législation spéciale régit les appropriations domaniales. Tout est là. Sans être anabaptistes, nous ferons peut-être que la déclaration des serfs allemands, au XVIe siècle, se transforme en loi française :

« Art. 2. — Nous ne payerons plus de dîmes, ni grandes » ni petites.

» Art. 12. — Toutes les terres communales que nos sei- » gneurs se sont appropriées rentreront à la commune. »

IV

Tableau des deux Ager. Osons-le donc donner carrément. Osons-le donner ce tableau, et le voici :

TABLEAU DES DEUX AGER.

CAPITAL INTÉGRAL DE LA NATION.	AGER PUBLIC ou DOMINIUM commune	1re Section.	Propriété...	Sous-sol et appendices dont eaux et forêts.	
		2e Section.	Industrie...	Transports et voirie.	
		3e Section.	Industrie...	Monnaie et banque.	
		4e Section.	Fonctions..	Assurances au nombre de quatre.	1° Judiciaire. 2° Défensive ou *contrà bellum*. 3° Sanitaire ou *contrà morbum*. 4° Indemnitaire *contrà damnum*.
	AGER PRIVÉ ou DOMINIUM civile.	1re Section.	Tout ce qui est agriculture.	Edifices et superficies.	
		2e Section.	Tout ce qui est manufacture.	Outillage et produits.	

Remarques.

1re Remarque. On voit qu'il y a dans ces deux portions distinctes du capital intégral de la nation, des choses abstraites et concrètes. Un capital abstrait? Cela peut prêter à la surprise. — L'assurance, le crédit, ne sont-ce pas des instruments de travail que nous voyons doués d'une grande fécondité industrielle et rapporter de beaux bénéfices. Eh bien ! ne sont-ce pas des choses abstraites, et qui consistent aujourd'hui dans un privilége, ou dans une simple autorisation de la part du gouvernement? Ce sont des dons abstraits que la civilisation fait à tous sans exclusion ni sans acception de personne.

2e Remarque. Les produits à cultiver et qui naissent sur le *dominium civile*, sont, à l'exception des richesses minérales (encore leur extraction n'est-elle pas une création, n'est-elle à bien dire, qu'un *transport de bas en haut*, qu'un appendice du service de voirie), à cette exception unique près, ces richesses de l'Ager public, sont toutes des produits *d'ordre administratif*. Ces produits d'ordre administratif s'appellent services. Onéreux ou lucratifs, peu importe; ils sont homogènes de nature.

Or le propre des *services* c'est de n'être point sujets, comme le sont les *denrées*, à mille et une de ces choses qui contr'indiquent la production en grand. Les denrées s'accumulent. Elles font encombrement. Il faut les conserver. Les besoins qu'on en a sont très-versatiles, ou temporaires, ou limités comme les localités, les modes, les saisons. Leur production sur une trop grande échelle ferait courir au producteur mille dangers. C'est exactement le contraire pour les services.

3e Remarque. Je dis donc que sur l'ager privé les produits s'appellent *denrées* ou *marchandises*. — Diversité, variabilité, individualité, éphéméréité, corruptibilité, *encom-*

brementilité (1), tel est leur caractère; et tout cela sans bornes ni sans cesse, dans presque toutes les productions de ce domaine. Otez-en la surveillance, âpre et continue, de l'intérêt privé, gaspillage, coulage. Otez-en les calculs et les prévisions laborieuses de ce même intérêt privé, raréfaction de produits ou non placement, ou vente à perte. Sous tous les degrés de latitude et de longitude les goûts de la consommation changent, diminuent, ou se suppriment, et cette mutation a en outre pour seconds facteurs, toutes les saisons, tous les climats, tous les caprices.

4e Remarque. Sur l'Ager public, l'association des concours doit être assez grande pour couvrir l'étendue totale de chaque *service,* et la totalité même des *services* réunis. D'où pleine et entière coopération et absence de concurrence.

Mais si, dans le sous-sol, telle mine, telle minière, telle carrière échappe à la régie directe de l'Etat par cette raison que *de minimis non curat pretor,* l'exploitation de ces parties négligées par l'Etat, ne donnant plus lieu à la méthode *coopération* puisqu'elles sont morcelées, puisque faisant retour aux départements respectifs, ou aux communes, et ressources à leurs budgets, elles seront adjugées à des fermiers particuliers comme aujourd'hui; cette exploitation ne démentira pas pour cela la rigueur de nos principes classificateurs,

---

(1) Excuse aux puristes, et s'ils ne s'en contentent pas, je retire mes politesses. Je n'aime pas plus qu'eux les néologismes inutiles en littérature, mais ici je vise à la précision scientifique et non aux lois du dictionnaire académique.

Je me dévoue au ridicule de faire des mots, plutôt que de ne pas rendre à une idée vraie tout le service de clarté, de netteté et de brièveté dont sa propagande a besoin.

car la concurrence, comme méthode de travail, ne leur sera pas appliquée non plus. Les stipulations d'un cahier des charges préviendront les inconvénients et procureront les avantages des deux méthodes contraires. Il n'y aura de concurrence que pour l'adjudication.

Ce que je dis de telle ou telle mine se comprend de tel bac, telle écluse, telle section de canal, tel tronçon de voirie. Fractionnement ici n'impliquera pas concurrence.

Sur l'Ager privé, au contraire, l'association entre travailleurs obtiendra toutes franchises, toute liberté, tout encouragement; cependant, elle n'offrira jamais le danger de devenir intégrale. Car, vu le caractère illimité des choses, elle ne pourra jamais, si grande qu'elle soit, atteindre à l'universalité de leur étendue, en réaliser l'absorption et y remplacer la concurrence par le monopole. Cette méthode concurrence ne cessera donc jamais ici d'animer les collaborateurs, d'exciter les groupes, de répondre aux besoins qui l'appellent, la petitesse de ces groupes leur étant ici souvent aussi avantageuse que trop de grandeur. Pourquoi en est-il autrement aujourd'hui? Pourquoi le mal des gros bataillons de capitaux sur le champ de la manufacture? C'est que l'accumulation de ces capitaux se fait et s'augmente sans cesse en dehors du champ manufacturier, sur les compartiments de l'Ager public, d'où se fait leur irruption violente, imprévue, soudaine et par suite écrasante.

5e Remarque. Grandeur respective. Si le capital intégral de la nation vaut, supposons, 120 milliards, l'ager public vaudra un dixième de ces 120 milliards: soit 12 milliards. L'ager privé vaudra le reste, savoir : les neuf dixièmes restants, 108 milliards soit.

Cette mesure quantitative n'est ni tout à fait arbitraire, ni dépourvue de motifs. Le motif qui me la fait spécifier, c'est que l'État comme force dynamique comparée à la force laborieuse de la nation, est, tel qu'il fonctionne aujourd'hui sous nos yeux, dans le même rapport proportionel: un dixième à peu près de cette force nationale. Si bien que, contrairement aux objections qu'on pourrait m'en faire, il n'y aurait point à amplifier, après la réforme et pour son service, cette même force dynamique actuelle de l'État, déjà si vaste.

J'ajoute que ce chiffre dix fois plus grand attribué à l'étendue et à la profondeur du domaine civil, du capital morcelé en patrimoines héréditaires, est très-vraisemblable. Un seul coup d'œil suffira pour nous en convaincre, et délassera un peu la pensée.

DESCRIPTION SOMMAIRE DE L'AGER PRIVÉ.

Première section. — Agriculture. Sol arable.

« La France est le pays de l'Europe le plus favorisé par la » nature..... Son sol est extrêmement diversifié.... Il » rapporte du colza, des olives, des vins doux et des vins capi- » teux, du maïs et du sarrazin, du riz et du houblon, etc... » En examinant le degré de fertilité de chaque genre de ter- » ritoire, on reconnaît que la moitié de la France est formée » de terrains de première qualité. 73 départements possèdent » des fonds de riche terreau, qui constituent le 1/7e de la » surface totale.

» Les terres limoneuses et marécageuses en font à » peine le 1/50e et se restreignent de plus en plus. Les pays de » montagnes n'excèdent pas le 1/12e du territoire, et il y a » 49 millions d'hectares en plaines et en collines.

» L'arrosement du sol qui est, avec l'atmosphère, la con-
» dition de la puissance de végétation, est donné à la France
» par le voisinage de deux mers qui alimentent les pluies,
» (950 lieues moyennes ou 4 mille kilomètres de côtes), et
» par l'infiltration, l'épanchement et l'évaporation de 670
» mille hectares ou 340 lieues carrées d'eaux courantes.
» C'est environ la 1/75e partie du domaine agricole.

» Ce domaine agricole est d'une étendue de plus de 50 mil-
» lions d'hectares ou 25,623 lieues carrées, moyenne égale
» au double de la surface totale de l'Allemagne proprement
» dite, et à trois fois et demie celle de l'Angleterre avec le
» pays de Galles.

» Le territoire de la France est donc étendu et fertile......

» Il assigne par sa distribution 150 ares de terres à
» chacun de ses habitants ; tandis que l'Angleterre peut à
» peine en donner 100, l'Irlande 50, la Belgique 80.

» D'où il suit que la quote-part de chacun de nous excède
» de moitié en sus celle d'un Anglais et se rapproche du
» double de celle d'un Belge (1). »

Voilà un faible aperçu du sol arable. Première section de notre ager privé.

Et dire que c'est dans un tel pays qu'un homme, invoquant devant les feuilletonistes ébahis du journalisme, l'autorité de *sa science*, a proclamé, en 1848, que si la misère nous dévorait c'était que nous n'avions pas assez de capital, qu'il fallait attendre que son épaisseur s'augmentât par la couche pelliculaire que chaque siècle y apporte ; et qu'alors, devenus aussi riches en capital que l'Angleterre nous pourrions jeter le paupérisme, ce sale manteau de Job, au fumier, mais

(1) Moreau du Jonés. *Journal des Economistes*, 15 juillet 1850.

pas avant (1). Et un homme de mérite et d'honnêteté comme M. Eug. Pelletan s'est passionné pour cette explication. Il y a consacré un livre. Il a appelé le capital à venir le vrai Christ rédempteur. Et l'organisation du travail, de Louis Blanc, cet énoncé exact et sérieux de la question à résoudre, a été sifflée pendant nombre d'années par tous les plumitifs du premier-Paris!

Deuxième section. — Manufacture.

Je n'ai rien dit du mobilier aratoire qui couvre l'admirable sol français, et je n'en dirai rien. Je ne dirai rien non plus (je renvoie aux statistiques) ou presque rien, de notre matériel manufacturier.

En 1844, nous n'avions que 3,645 machines faisant équation à une force de 137,780 chevaux de traits.

L'accroissement annuel, depuis ce temps-là, a été calculé être de 1000 chevaux-vapeur en moyenne. Imaginez quelle force cela fait aujourd'hui. Mais supposez qu'on ait assez de commandes par l'ouverture de nos débouchés commerciaux : ouverture que déterminerait au dedans et au dehors une baisse quelconque dans le prix de revient des marchandises, — pourvu qu'elle ne s'obtînt pas par le procédé anglais, dépression des salaires, ou des bénéfices, ou des revenus, — qu'elle s'obtînt, comme le promet la réforme ici exposée, par une baisse dans les prix de revient des services onéreux et

---

(1) Comme si l'Angleterre était plus riche en capital, le sol étant le principal élément de ce même capital? et comme si, étant accordé qu'elle fût plus riche en capital, elle était moins dévorée que nous par le paupérisme! — Pour un homme si éminent, que de qui-pro-quo!

lucratifs que j'appelle *frais généraux* du monde économique; supposez, dis-je, une commande de force motrice double de la force existante, si énorme que fût celle-ci, on la doublerait sur l'heure. Nous aurions instantanément deux fois plus de machines, et dix fois si elles avaient de l'emploi.

La puissance mécanique formait chez les anciens un faible coëfficient, de 10 peut-être, à la force animale, hommes et bêtes, représentée par 100. Par suite, leur force de travail pouvait s'écrire : Force animale = 100 × 10 de mécanique = 1000 de production. Mais chez les modernes, en France notamment, le coëfficient mécanique n'est plus de 10, il est de 1,000,000 et plus. Notre force de travail peut donc s'écrire : Force animale 100 × 1,000,000 de mécanique = 100 millions de production. En un mot, notre puissance productive est illimitée.

Ce n'est donc pas faute de capital, ce n'est pas faute de force ni en général de moyens, c'est faute d'arrangement si nous sommes misérables.

« Le travail s'accomplit empiriquement, en dehors de la » logique humaine, voilà l'origine du mal (1). »

« Au point de vue matériel, la misère a pour cause la » faible production. La faible production a pour cause la mau- » vaise ordonnance dans laquelle s'exécute le travail actuel. » Les forces dispersées perdent leur énergie. Les con-

(1) Proudhon, *De l'Ordre*, 235.

» traires s'annulent; les inexploitées restent à l'état la-
» tent (1). »

« Les remèdes ne sont pas dans la poursuite d'une ré-
» forme sociale chimérique, mais dans la réalisation d'une
» réforme économique (2). »

« Le travail est évidemment engagé dans une voie désas-
» treuse dont il faut se hâter de le faire sortir. La pire des
» solutions serait de n'en chercher aucune, et d'attendre
» comme des Musulmans l'arrêt du destin (3). »

« Nos diverses institutions économiques sont le produit
» accumulé du temps. Elles constituent, dans leur ensemble,
» une situation qui est née on ne sait de quoi, et qui ne
» ressemble en rien à une systématisation logique (4). »

« Il est impossible de prolonger une politique d'attermoie-
» ment, de *statu quo*, et de déception devant le suffrage uni-
» versel. Cette formidable machine, que les grandes eaux
» populaires mettent en mouvement, ne saurait tourner à
» vide, pas plus que ces moulins mécaniques dont les roues
» et les meules s'enflamment si on ne leur donne rien à
» moudre (5). »

« Il nous faut une régénération économique (6). »

---

(1) M. Peyronnet, *Bilan de la France.*
(2) *L'Assemblée nationale,* 6 août 1849.
(3) Blanqui aîné, Rapport à l'Institut, 1848.
(4) Léon Plée, le *Siècle,* 30 janvier 1850.
(5) *L'Opinion publique,* journal légitimiste, 6 septembre 1849.
(6) *Revue des Deux-Mondes,* 13 août 1849.

« Les vieux partis libéraux sont depuis 1815 habitués à » jouir d'une popularité facile sur des questions négatives. » Quand il faut affirmer, ils se récusent. Or il faut affirmer » aujourd'hui (1). »

« Ah! l'intrépidité de la pensée n'est pas aujourd'hui » chose si commune qu'on doive glacer les intelligences en » travail, et décourager l'audace (2)! »

« D'autres vous diront sur tous les tons cette pensée de » M. de Bonald : — La machine crie, il faut se hâter de » mettre de l'huile dans les roues, c'est-à-dire de la religion » dans les cœurs. — Nous aussi nous appelons de tous nos » vœux l'huile indispensable de la charité chrétienne; mais » nous voudrions de plus avoir à l'introduire dans les » rouages d'une bonne organisation économique (3). »

« Quel vaste champ reste ouvert à la politique honnête, » loyale et grande comme une pure philosophie! A la science » politique, cette science difficile et lente qui, en plein » XIXe siècle, est encore si attardée que tout n'y est que » trouble, incertitude et confusion (4). »

Je termine cette série de citations par ce dernier appel aux novateurs. Il est, comme on voit, d'une de nos grandeurs déchues. Si avec de telles paroles, on reste pratique-

---

(1) Le *Siècle*, 17 septembre 1849.
(2) L Blanc, *Nouveau-Monde*, 1er numéro.
(3) L. Rousseau, *Croisade au XIXe siècle*.
(4) Monseigneur Fialin, duc de Persigny.

ment routinier et si on n'oppose à ma théorie que des arguments équivalant à des fins de non-recevoir, je n'y pourrai que faire. Le régime à remplacer aura du moins reçu de toutes mains les malédictions qu'il mérite.

V

Le lecteur a sous les yeux les deux circonscriptions en dehors desquelles rien n'existe sur l'hémisphère économique.

Circonscription N° 1 ou Ager public.

Circonscription N° 2 ou Ager privé.

Ma distinction est inniable. La langue en possède les mots caractéristiques. L'histoire la consacre. Notre législation s'en inspire ; et depuis longtemps d'autres que moi en ont invoqué le besoin. Notamment cet esprit si prompt, si pratique, M. de Girardin, que tous les gens de parti détestent parce que, devançant l'éloquence des événements, il les a convaincus d'impuissance et de routine, pour ne pas dire d'incapacité.

« Le chef de l'Etat, prenant le titre de président de la » République ou tout autre titre, sera *uniquement* chargé » de la gestion de la *chose publique*. C'est-à-dire de tout ce » qui étant socialement *indivisible* est nécessairement *in-* » *divis*. »

Voilà comment s'exprimait ce véritable publiciste dans son vigoureux journal *la Presse*, 1er mars 1853.

Il imprimait un an après, dans son opuscule *le Droit*, p. 131 :

« Séparation absolue de la puissance *indivise* et de la puis-
» sance *individuelle*. Là seulement sera le triomphe durable
» de la liberté effective et définitive. »

Il est revenu vingt fois à cette pensée capitale.

« La période des révolutions serait close le jour où serait
» adoptée la véritable séparation des pouvoirs ; non la sépa-
» ration factice du pouvoir temporel et spirituel, mais la sé-
» paration naturelle du *pouvoir indivis* et du *pouvoir indivi-*
» *duel* ; le jour où la démarcation indiquée par la *nature des*
» *choses* serait enfin tracée ineffaçablement entre l'individu
» et l'Etat (1). »

Je ne saurais trop prouver que cette démarcation est indiquée par la nature des choses. Ce serait déjà beaucoup et peut-être assez qu'elle fût réclamée au nom des bienfaits qu'elle implique ; au nom, je puis le dire, du *salut public*. Mais son tracé, dans l'essence même des réalités, fera qu'il n'en sera pas de la loi constatant le trait séparateur, comme de ces lois portées par un gouvernement et rapportées par un autre. Ici ni caprice législatif, ni calcul dynastique, ni improvisation révolutionnaire. La vérité, rien qu'elle, mais exacte, impérative et immuable.

En plus des caractères différentiels énoncés, entre mes deux *Ager*, aux cinq Remarques du précédent paragraphe, voici donc, car je ne puis trop appuyer là-dessus, deux autres caractères, derniers et suprêmes, affectant ces deux Ager de leurs signes contraires, signes bien autrement techniques que les précédents, bien autrement profonds.

(1) *La Presse*, 16 décembre 1862.

PREMIER CARACTÈRE.

Dans le *dominium commune,* tous instruments de travail, tout capital abstrait ou concret, toutes propriétés, industries et fonctions, sont soit la conquête indivise de tous, soit l'œuvre indivise de tous, soit le don indivis de la civilisation fait à tous.

Dans le *dominium civile,* au contraire, la propriété y est un droit antérieur et supérieur à toute convention sociale ; tout capital, tout instrument de travail, soit concret, soit abstrait, est l'œuvre particulière de chacun, ou l'acquisition de chacun, ou l'héritage de chacun. Et la loi attentatoire à ce caractère d'individualité mériterait toujours cette réponse :

« Il n'y a pas de droit contre le droit. »

Si bien que, satisfaire la justice ou la violer, est un premier dilemme où s'accule la non-admission de ma ligne de partage.

DEUXIÈME CARACTÈRE.

Dans le *dominium commune,* tout gagne en fécondité, et gagne énormément, à être exploité en mode unitaire ; et ce mode unitaire d'exploitation n'a pas seulement ce caractère de pleine fécondité, appliqué à l'intégralité de chaque partie, mais encore à l'intégralité du tout ; car ici, les parties ne sont pas seulement voisines et contiguës comme les baguettes réunies dans le faisceau du licteur, elles sont respectivement et mutuellement auxiliaires et solidaires, succédanées et combinées ; ce sont des touts partiels qui ne constituent que les éléments d'un tout intégral. Or l'unité d'exploitation, appliquée à chacune d'elles, décuple ses avantages appliquée à l'ensemble. Ce sera démontré plus loin.

Dans le *dominium civile* au contraire, si l'extrême division des héritages, si leur haché-menu n'est pas toujours sans de graves inconvénients, l'agglomération excessive dans les entreprises inévitablement est cause de ruine. Ici toutes propriétés, industries et fonctions, non-seulement gardent toute leur fécondité malgré leur fractionnement, mais elles ne peuvent même pas se concevoir sans ce fractionnement. Une opération agricole, comme une opération manufacturière aboutiraient à la faillite qui pousseraient trop à l'excès leur amplitude. Quant à se fondre dans l'unité, quant à se perdre dans l'envahissement de toute une spécialité, ce ne serait pas commercialement que désastreux, ce serait matériellement impossible. Nous avons dit pourquoi au précédent paragraphe.

Si vous ne respectez pas le premier caractère différentiel, vous forfaites à l'équité, ai-je dit. Mais vous faites obstacle à l'enrichissement national si vous ne respectez pas le second.

Ces deux grands caractères techniques, affectant des signes contraires si profonds, les deux Ager, donnent donc à leur distinction toute l'irréfragabilité d'une loi naturelle et absolue.

Me demanderez-vous de ne pas me contenter d'affirmer ces caractères au nom de leur évidence, et d'en établir la démonstration positive et par le menu? Je vous répondrai que de cette démonstration demandée, les éléments sans nombre se retrouveront dans la seconde partie de ce travail, et qu'au lieu de vous opposer une fin de non-recevoir, c'est un peu de patience que je vous demande.

Mais ce que j'ajourne encore, tout en l'indiquant sommairement, c'est cette autre différence résultant du mode de travail.

Le mode de travail, qui a sa place exclusive et toute sa fécondité dans l'Ager public, c'est la méthode *coopération.*

Le mode de travail, qui a sa place exclusive et toute sa fécondité dans l'Ager privé, c'est la méthode *concurrence.*

Plus d'exclusion.

Plus d'amalgame.

Mais mise en place, et à leur place respective, de ces deux méthodes excellentes et contraires.

COOPÉRATION.

CONCURRENCE.

Ainsi donc l'Etat serait gérant des quatre sections du *dominium commune :*

Sous-sol.

Transports.

Banque.

Assurances au pluriel.

Res omnium, res nullius.

Les particuliers cultiveraient, exploiteraient sans collaboration de la part de l'Etat, sans réglementation ni encouragements, sans redevances et sans impôts, le *dominium civile.*

Cuique suum.

Plus de vainqueurs ni de vaincus, plus de parasites ni de tributaires, plus de dîmes perçues par les uns et payées par les autres. Chacun pour soi et Dieu pour tous. L'Etat dans une société de travailleurs vivant lui-même de son travail et n'étant autre qu'un travailleur.

Après l'œuvre faite d'une *Constituante*, œuvre simple comme notre loi des deux Ager ; l'abolition des ministères de l'ancien Régime et l'organisation des ministères nouveaux seraient l'œuvre à faire d'une *Législative*.

Ces ministères nouveaux, remplaçant ceux existants, pourraient être au nombre de huit, savoir :

1. Mines, minières et carrières.
2. Ponts, chaussées, canaux, eaux et forêts.
3. Transports.
4. Banque.
5. Assurance judiciaire.
6. Assurance défensive (ou *contrà bellum*).
7. Assurance médicale (ou *contrà morbum*).
8. Assurance réparatrice (ou *contrà damnum*).

En d'autres termes, dépouillé de toutes fonctions magistrales et cumulant toutes fonctions serviles, l'Etat serait en France :

L'Etat serait en outre	Grand extracteur et terrassier. Grand voyer et voiturier. Grand monnayeur et argentier. Enregistreur et juge. Soldat et marin. Officier de santé et de salubrité. Sauveteur et garantiste.

Il serait cela et rien de plus.

Qu'est-il aujourd'hui ?

Ah ! nous allons le voir bientôt. Nous allons voir à quoi il emploie : 1° Ses 568,365 fonctionnaires. — 2° Ses 600,000 soldats et marins. — 3° Ses 300,000 manœuvres et journaliers divers. Nous allons voir ce que fait ce Michel-Morin qui touche à tout et qui gêne tout, ce Briarée aux cent bras occupés d'oisiveté, cet Argus aux cent yeux et aveugle comme Polyphème, ce Polype aux mille tentacules et aux dix mille suçoirs qui nous dévore les entrailles.

Il ne serait donc plus semi-pontife, grand pédagogue, omni-propriétaire.

Grand pédagogue?

Mais précisons tout de suite cet important détail. Pour n'être plus chargé, lui domestique, de diriger l'éducation de la société sa maîtresse, il ne laisserait pas que de conserver, sans offense à la liberté d'enseignement, ses écoles spéciales. La réforme, par sa distinction souveraine entre ce qui est privé et ce qui est public, ferait que cette liberté d'enseignement cesserait d'être, comme elle l'est aujourd'hui, un problème à jamais insoluble.

En effet, toutes les écoles primaires et secondaires seraient livrées au régime de la diversité et arrachées au régime de la communauté. Chaque père de famille ou son représentant présiderait à l'éducation de ses enfants mineurs et la choisirait, la nation n'ayant dans son développement intellectuel d'autre chef qu'elle-même puisqu'elle est souveraine.

Mais, cela fait, l'Etat n'en recruterait pas moins, après noviciat et par voie de concours, son personnel de fonctionnaires au moyen d'écoles spéciales dont les élèves auraient sortie sur ses huit services.

En conséquence seraient maintenues et, s'il y avait lieu, perfectionnées :

1° L'École Polytechnique.

2° Les deux Écoles des Mines (Paris et Saint-Etienne).

3° L'École Forestière (Nancy).

4° Les Écoles Militaires (Metz, Saint-Cyr, La Flèche, Saumur, le *Borda*.

5° L'Ecole de Droit amplifiée de deux cours additionnels, comptabilité et tenue des livres.

6° L'Ecole de Médecine.

Quant à la science, à la littérature, aux beaux-arts, la régie gouvernementale en serait rasée. L'office de Mécène serait rempli par la nation devenue riche.

Pour nos Observatoires, nos Muséum, nos Académies, nos Instituts, ils ne changeraient plus de despotes à chaque changement de Son Excellence le grand maître de l'Université, ministre de l'instruction publique ; et des plaintes comme la suivante deviendraient inouies, elles qui aujourd'hui retentissent partout :

« La science française est en péril. La première cause de » ce fait, c'est le manque complet d'indépendance, résul» tant de l'application aux choses de la science de notre sys» tème de centralisation administrative (1). »

(1) *Cosmos*, 16 janvier 1869, p. 58.

VI

J'ajourne la comparaison de l'Etat tel qu'il devrait être (la réforme adoptée) avec l'Etat tel qu'il est.

Mais le plus pressé est obtenu. Et en fait de clarté, on n'a pas perdu pour attendre. Au moyen de mes préliminaires tirés d'un peu loin, à l'aide de mes définitions et classifications, oui ou non arbitraires, mais qu'on peut rejeter comme un échafaudage de circonstance, ou conserver si on les juge vraies et utiles à d'autres usages que celui que j'en ai tiré, voilà bien saisie et bien tranchée la distinction entre mes deux catégories de fonctions de l'Etat.

1re *Catégorie.* — Fonctions magistrales dont l'abandon est réclamé par la liberté.

2e *Catégorie.* — Fonctions serviles dont le cumul est exigé par l'aisance.

Ni cet abandon, ni ce cumul n'existent aujourd'hui, mais en revanche, nous avons un pêle-mêle, un entre-croisement, un sens devant-derrière, un sens dessus-dessous, un chaos enfin.

L'Etat actuel est resté aux trois quarts Seigneur, et pour le quatrième quart Serviteur. Mais, en tant que serviteur, on ne lui a guère conféré que les services onéreux.

Tous les services lucratifs, sauf la poste, ont été adjugés

moyennant certaines conditions, à des Compagnies financières.

Que ces Compagnies soient de petits Etats dans l'Etat, on l'affirme de bien des côtés. Et d'autre part on le nie, parce que la physionomie politique leur manque. Mais si ces petits Etats diffèrent en quelque chose du grand, ce n'est du moins pas par un arbitraire et un despotisme moindres à l'égard de leurs employés et du public qu'ils traitent comme leur subalterne ; ce n'est pas non plus par moins de compérages et de pots-de-vin, de priviléges et de passe-droits dans leurs transactions (voir les Chambres de commerce pour les plaintes, et les tribunaux pour les jugements) ; ce n'est pas non plus par moins de prestance et de seigneurie de la part de leurs chefs. Dans ces petits Etats, les hauts grades ont tous au contraire la morgue qu'ils ont dans le grand. Et sous une telle multiplicité de dignitaires et de maîtres, rien d'étonnant à ce que le caractère de la nation se servilise.

Mais je veux poursuivre plus loin cette digression des Compagnies dont l'existence, on l'a dit, rappelle à la fois les grands Vassaux de la féodalité, les Fermiers généraux de l'ancien régime et les Commandements militaires du dernier empire.

COMPAGNIES FINANCIÈRES.

Ces Compagnies posséderaient au reste toutes les perfections stipulées dans leurs cahiers des charges. Elles seraient douées de toutes les vertus inscrites dans leurs engagements, que le seul fait de leur existence est un reproche à leur faire.

Cette existence est un vice économique, un malheur, un fléau. Amnistiez-les tant que vous voudrez, pratiquement parlant, en invoquant le besoin qu'on a eu d'elles ; les nécessités auxquelles seules elles pouvaient faire face ; leurs bienfaits, leurs travaux, leurs services.

D'accord. Mon indulgence, si vous le voulez, devancera la vôtre, et lui sera égale. Je n'ignore point d'ailleurs que le mal, et une grande quantité de mal, est inhérent aux meilleures institutions humaines. Le mal que ma réforme reproche aux Compagnies n'est même pas à proprement parler leur faute. Elles n'en sont du moins que les causes tertiaires, qui ont été précédées de causes secondes, qui ont été précédées de causes premières. L'origine de ce mal remonterait, si l'on voulait même, jusqu'à Adam. Mais, moi, je m'arrête aux deux théoriciens de la Révolution.

— Rousseau et Voltaire ? disait la Restauration, — non pas Voltaire, écrivain qui, par sa portée, dépasse ici mes appréciations et y échappe :

Non pas Rousseau et Voltaire : mais Rousseau et Turgot.

Voilà, comme je l'ai déjà dit, les deux théoriciens de la Révolution française : l'un politique, Rousseau ; l'autre économique, Turgot. Pair et compagnon qui, sans se concerter, se sont entr'aidés, et dont l'erreur de l'un couplée à l'erreur de l'autre, a mis le char du progrès en faux chemin.

Rousseau a laissé dans sa fonction de *maître* son Etat *serviteur*. Il ne l'a pas fait descendre du haut de l'ordre social en bas, au contraire. L'Etat de Rousseau est *magistrat*, ouvrons la bouche, MAGISTRAT.

Les Jacobins, ses élèves, ont renchéri sur le maître ; ils ont encore renforcé la notion monarchique de l'Etat Seigneur.

Et nous voyons leurs imitateurs d'aujourd'hui, nos préfets républicains, affecter des allures plus omnipotentes que ceux

---

(1) Cette qualification, après la Réforme, ne serait plus applicable qu'aux délégués de la Nation, et non plus aux agents de l'Etat.

qu'ils viennent de remplacer. Le gouvernementalisme est leur passion.

Pendant que Rousseau faisait cela, Turgot, de son côté, travaillait dans le même sens, à l'insu et même à l'encontre du Génevois.

Il cherchait à maintenir l'Etat dans son *statu quo* de deux façons :

En perfectionnant l'impôt monarchique d'une part.

Et en aliénant le *dominium commune* d'autre part, ce qui était une double manière, je le répète, d'éterniser le vieux fisc de la royauté.

Dans la première œuvre, il suivait les préceptes de Quesnay; dans la seconde, ceux de Smith.

Triple concours!

Quesnay le féodal, Turgot le royaliste, Smith l'individualiste, poussant de trois points de vue différents à un même but : l'appropriation individuelle de toutes choses; l'aliénation de tout ce qui est d'ordre universel et indivis; l'anéantissement du *dominium commune.*

Du moment que les propriétés d'ordre universel et indivis étaient livrées comme propriétés particulières à quelques-uns, il fallait bien que les propriétés particulières de tous continuassent de subir la dîme directe ou indirecte du percepteur. En un mot, l'Etat maintenu maintenait l'impôt qui maintenait l'Etat.

Voilà par suite de quelles vues fausses et solidaires, les Compagnies financières sont devenues petit à petit nécessaires.

Pourquoi le mal avec le temps n'a-t-il pas été réalisé plus à fond? Pourquoi, comme en Angleterre, le *dominium commune* n'a-t-il pas, perdant tous ses caractères différentiels, fait suite et continuité absolue au *dominium civile?*

Si les races latines ont tant de mauvais, ne serait-ce point qu'elles auraient aussi quelques sympathies plus énergiques et pour le droit et pour le malheur?

Quoi qu'il en soit, tout le mal réalisable ne s'est pas réalisé, je le répéte, et ici j'ouvre une nouvelle digression pour montrer qu'en outre du mal qui ne s'est pas fait, il s'est fait un peu de bien que voici.

L'Etat serviteur de nom l'est devenu un peu de fait.

Il en a pris l'emploi, par exemple, dans les travaux publics.

Ces travaux publics, l'Angleterre se vante que, chez elle, ils sont l'apanage des compagnies, et que l'initiative des particuliers y suffit. Elle ne s'en vantera peut-être pas longtemps.

Je lis dans une Revue en effet :

« Les réformistes en Angleterre commencent à tourner
» leurs regards vers l'Etat. »

Je lis dans une autre :

« Que sont devenues toutes ces brillantes compagnies de
» chemins de fer, tant vantées au début? Presque toutes sont
» dans le plus grand embarras.

» La mauvaise administration des directeurs, la *concurrence*
» des lignes trop nombreuses, la dilapidation des fonds, telles
» sont les causes qui ont successivement ruiné :

» London.

» Chatam an Dover.

» London.

» Brigton and south Coast.

» North.

» British. . . .

» Quelle différence de prospérité en Belgique où confec-
» tion et exploitation de la voie sont l'œuvre de l'Etat (1). »

L'Etat en France, depuis la Révolution et même un peu avant, a pris en régie directe les Travaux publics. Par quoi, je le répète, il est devenu quelque peu *serviteur*.

Mais l'impôt, aussi lui, est devenu tant soit peu moderne. Il s'est incorporé dans un service lucratif pour une trentaine de millions qu'il gagne en gérant ce service, et dont le déficit ferait sans cela échec à nos poches de citoyens.

Voilà deux petits progrès!... progrès? pas au dire de messieurs les libres-échangistes.

L'Etat, depuis 89, a pris, ou perfectionné la prise, d'une toute minime fraction de l'industrie Transport. Il a pris la Poste. De quoi se mêle-t-il? Mais c'est une infamie! Comment! l'Etat se fait agent d'industrie? Il s'amuse à gagner de l'argent, lui dont le seul droit et le seul rôle est d'en dépenser. Il envahit le domaine de la liberté. Il monopolise le port de nos correspondances. Par quelle absurdité une telle incursion hors de sa sphère?

Voilà comme parlent nos hommes de science.

Et nos hommes d'Etat, ahuris de ces cris, auraient remis à deux ou trois bonnes Compagnies la proie qui leur a été dérobée; et lesdites Compagnies auraient remercié les professeurs en leur donnant le titre d'administrateurs avec... émoluments.

Si nos hommes d'Etat ne l'ont pas fait, ce n'est pas par attache aux trente millions de bénéfice annuel. Bagatelle à trouver dans les épargnes ou les dépenses de tant de ménages populaires! Non, mais c'est que la Poste se rattache au

(1) *Revue britannique*, 1869.

devoir de haute surveillance, et en constitue un des moyens... Ainsi, sans la Police qu'on a lâchée sur la pseudo-science, c'en était fait de la prébende enlevée au capitalisme ; nos libres-échangistes, au nom de leurs principes, la lui restituaient.

Et c'est tout simple, s'écrie quelqu'un, soit de son ex-fauteuil à l'ex-Sénat, soit de sa chaire au Collége de France. « La concurrence fait le bon marché. C'est une vérité qui » court les rues. Le bien l'emporte sur le mal quand l'in- » dustrie se met sous le drapeau de la concurrence ou de » la liberté, car, je ne saurais trop le répéter, c'est tout » un. La concurrence est la face industrielle de la liberté. La » condamner, c'est repousser les principes immortels de 1789. » C'est dire à nos pères, vous nous avez trompés (1). »

Combien plus éloquents seraient encore MM. de Molinari et Baudrillart à prouver que le service de la Poste, n'étant pas fait par plusieurs Compagnies rivales, avec la méthode Concurrence, doit avoir comme produit trois défauts :

Etre mauvais,

Ou, s'il est bon, coûter très-cher,

Ou, s'il est bon et bon marché pour le consommateur, ruiner le producteur.

Juste, Messieurs, votre erreur n'est pas partielle. Elle est totale. Le port de nos lettres est parfait, bon marché et lucratif de 30 millions par an.

Et ces 30 millions iraient à plus de 40 sans le droit *de*

---

(1) M. Chevalier, *Revue des Deux-Mondes,* 1848. — La concurrence, c'est la liberté ? — Ici, monsieur. Et puis là, c'est l'oppression. Bonald a dit quelque part un mot si profond qu'il en est obscur, mais qu'on trouve très-juste quand on l'a compris : « La révolution sera fi- » nie quand on aura défini la liberté. » Ce n'est pas M. Chevalier qui fournira la définition.

franchise qui sera supprimé, j'espère, étant une de ces mesures dont l'abus est forcé et corrompra toujours indignement l'usage.

Et cependant l'Etat actuel n'est point organisé en vrai travailleur ; et en outre, la Poste, détachée comme elle l'est aujourd'hui de son tout homogène, le Transport, coûterait moins encore si elle y était fusionnée.

En voilà une prévision malheureuse.

En voilà une théorie, la théorie de la concurrence, prise en flagrant délit de fausseté.

Permission d'appuyer un peu sur cette question de la Poste.

L'Etat manipule dans ce service 600,695,548 objets. Il emploie, rien qu'en fait de facteurs ruraux, 16,406 individus. Ceux-ci parcourent fêtes et dimanches 42,828 kilomètres, dix fois le tour de la terre et plus.

« J'avoue que je ne puis qu'admirer, » dit Max. Du Camp, dans son livre sur Paris, qui nous fournit ces données.

Et en effet, représentez-vous cette multiplicité d'objets, argent, lettres, menus colis, télégrammes : distribués tous les jours, à heures régulières, par des armées de coureurs, à 38 millions de correspondants, disséminés sur toute la France, depuis la chaumière la plus isolée et le hameau le plus inconnu, jusqu'à la mansarde la plus anonyme dans l'îlot le plus obscur du dernier quartier de nos vingt-cinq grandes villes.

Ah ! si un tel produit, un tel service, satisfaisant, comme il le fait, le consommateur, était dû aux Compagnies, et qu'on proposât de le leur reprendre ! Cette fois les cris des libres-échangistes deviendraient féroces. Ils vous feraient décréter d'aliénation mentale. Je me trompe, ils sont trop anglicans pour ne pas se donner la pose du flegme. Ils ne daigneraient vous répondre que par la voix de leurs appariteurs. Ceux-ci, montant au perchoir du maître, diraient :

L'Etat nous doit la justice et la sécurité (1).

En dehors de cela, il n'est capable de rien. Il ne doit se mêler de rien. Il fabrique tout ou mal ou cher, et souvent mal et cher tout à la fois (2).

La Poste en ses mains ! Un travail si compliqué, si minutieux, si vaste ! Mais ce serait gâchis et rançonnement élevé à la 32e puissance ; gâchis faute d'aptitude, rançonnement faute de concurrence. Voilà les axiomes dont on nous lapiderait. Cailloux usés et roulés qui fatiguent le pied sur tous les rivages ; ou plutôt, projectiles de caoutchouc revenant à qui les lance.

---

(1) C'est le mot de Bastiat : Juge et gendarme. Mais l'appareil de Justice, police et prisons comprises.

Mais l'appareil de sécurité, armées de terre et de mer, ne seront pas gratuits. Qui les payera ? Il faudra que l'Etat se défraye de ces immenses dépenses ; il faudra donc, qu'en outre, de ces deux appareils de justice et de sécurité, soit maintenu en ses mains, le vieil appareil fiscal. Ce qui est le *statu quo*, le néant de toute réforme sérieuse.

(2) Il *fabrique* mal et cher. Ceci est littéralement vrai ; aussi l'Etat ne doit-il être, dans les principes de la Réforme, à aucun titre fabricant et manufacturier. Il doit restituer tous ses ateliers de fabrication agricole et manufacturière à l'industrie privée, comme cela sera dit et justifié plus tard.

VII

Une digression en amène une autre.

J'ai expliqué aux précédents paragraphes comment s'était engendrée, puis opérée la disjonction survenue entre les services onéreux et les services lucratifs.

Un phénomène inverse en est résulté. Oui, cette disjonction a engendré une conjonction, une conjonction étrange entre les choses économiques et les choses politiques. Et cette conjonction a produit à son tour le besoin de multiplier à l'infini les lois, décrets et ordonnances, afin de faire face à mille et mille conflits consécutifs. Elle a produit d'autres maux comme on va voir.

Jusqu'à présent, la science sociale a porté un nom trop long et presque hybride, le nom d'*économie politique*. Mais on a voulu vainement le changer. Il a résisté jusqu'ici à toute attaque et à tout effort de substitution. Quelle est la raison de son maintien? Cette raison est malheureusement un inconvénient bien plus grave que lui. C'est la conjonction étrange dont je viens de parler. C'est l'impossibilité constatée de faire de la politique sans toucher aux intérêts économiques, et de toucher aux intérêts économiques sans faire de la politique.

De là cette légomanie dont je vais donner le tableau.

De là ce trouble et cette perversion dans notre institution suprême, *représentation nationale.*

L'Assemblée de nos députés devrait être, pour le Pays tout entier, ce que sont pour le Département et pour la Commune leurs Conseils respectifs. Elle devrait être le Conseil national.

Qu'est-elle ? Quelque chose qui ne ressemble en rien à une institution raisonnable faite pour assister dans ses efforts de paix, d'ordre, de bien-être et d'économie, un peuple de travailleurs.

Que fait-elle ? Des lois et des discours ? Eh ! si elle ne faisait rien de pire ? Mais ce n'est pas déjà si peu. Vous allez voir.

Des lois.

Savez-vous ce que notre Corps ou moulin législatif depuis qu'il tourne, depuis 89, a fabriqué de lois, décrets ou ordonnances ? Savez-vous quelle somme de matière légale est passée sous ses paires de meules et en est ressortie depuis 80 ans ? La somme de 80,000 lois et plus.

Le *Siècle* (19 mars 1850) indique un total quelque peu supérieur. Mais le journal *le Pays* donnait une statistique précise le 18 janvier 1854.

Notre *Bulletin des lois* était alors à son 177e volume. Ces 177 volumes contenaient 87,520 lois, décrets ou ordonnances ; non compris, remarquez bien, non compris plus de 30,000 décrets ou ordonnances concernant exclusivement des intérêts privés.

Voici le tableau :

Assemblée constituante................	3,402
— législative..................	2,078
Convention...........................	14,034
Directoire............................	2,049
Consulat..............................	3,846
Empire................................	10,254
Première Restauration................	841
Les Cent-Jours.......................	318
Deuxième Restauration................	33,613
Monarchie de 1830....................	13,958
République de 1848...................	3,137
Empire Napoléon III..................	Mémoire.
République actuelle..................	Mémoire.
Total...........	87,530

Voilà le produit de notre manufacture législative il y a déjà seize ans.

Et dire que tout sujet de la loi est censé la connaître !

Et dire que quand ils n'ont pas légiféré, nos plus sérieux députés regrettent d'avoir perdu leur temps et négligé leur mandat ! Seigneur Dieu ! qu'est-ce que l'avenir nous réserve ? Le fameux *Bulletin* remplira à lui seul tous nos bâtiments de bibliothèques avant la fin du siècle prochain.

Si ce n'est pas là un mal, je ne m'y connais pas. Et si l'on ne voit pas ce mal, c'est qu'il disparaît sous le grotesque.

A quoi est-il dû ? A la disjonction des choses homogènes, à la conjonction des choses différentes, à l'amalgame des choses privées et des choses publiques, au désordre général, au chaos universel.

Des discours.

J'allais dire des phrases, mais il faut être respectueux. Le désordre universel, dû à une science absente, a rendu, par son excès, cette même science impossible.

En géographie, il n'est pas permis de croire que l'île de Caylan est en Afrique puisqu'elle est en Asie; mais en politique, il est permis de croire que 4 et 4 font 9. Les opinions y sont toutes respectables, et chacun a le droit d'y être absurde. Je vous prie de croire qu'on en use. Chaos dans les faits, chaos dans les idées. Désordre dans les choses, antagonisme et confusion dans les esprits. Ah ! vous voulez des convictions ? on en a autant que de serments. Et de ceux-ci à revendre.

Il n'y a de possible que les convictions religieuses et scientifiques, c'est évident.

La Politique n'est point une Religion, et n'a pu devenir une Science.

Ce n'est alors qu'une passion. Passion de l'intérêt public ? oui, pour les naïfs. Et encore, passion aveugle.

Passion de l'intérêt privé pour les autres.

Passionnés de l'une ou l'autre facon, voilà donc nos trois ou quatre cents députés en présence, avec droit de parler, de voter, de légiférer..... *de omni re scibili,* et à longueur d'années.

Qu'est-ce qu'une telle Chambre?

Le champ de bataille des partis, direz-vous, la guerre civile concentrée au forum, une arène de pugilateurs ambitieux.

Ah ! si ce n'était que cela? Mais c'est pis.

C'est une vaste école de scepticisme où des artistes en paroles, s'exerçant en sens contraire sur toutes les thèses, excellent à prouver qu'aucune n'est ni vraie ni fausse, et que toutes les opinions étant respectables, tous les gouvernements sont légitimes et toutes les trahisons aussi.

Pendant ce temps-là joue, à un moment donné, sous le pied du Destin, la balançoire des catastrophes, amenant successivement au Pouvoir les uns ou les autres. Mais sur qui porte le levier? et qu'est-ce qui est écrasé de ces mutuels triomphes?

Le peuple.

Et l'on se plaint qu'il se démoralise! Et l'on se plaint que, désespéré de tout allégement à ses maux, après tant de déceptions subies, il recoure, dans ses bas fonds, à l'abrutissement alcoolique. Et, dans ses hauteurs moyennes, à l'indifférence, au dégoût patriotique?.... mais, *sublatâ causa tollitur effectus*. Enlevez la cause si vous ne voulez plus de l'effet.

Pour cela, Réforme, Réforme profonde.

La Réforme ici exposée remédierait à tous ces maux que je signale.

Les dix-neuf vingtièmes du *Bulletin des lois* seraient mis au vieux papier. Et le reste n'aurait presque plus d'emploi.

Les deux axiomes séparateurs planeraient sur le champ des intérêts privés et publics et annuleraient tout conflit.

Quant à la fonction des députés, elle donnerait lieu à deux genres de session : annuelle et décennale.

En session annuelle ou ordinaire,

La Chambre aurait pour mandat exclusif, sinon impératif:

1° De voter les tarifs, de sanctionner les dépenses, de contrôler les recettes et d'en maintenir la balance avec les frais.

2° De perfectionner les règlements administratifs par toutes les retouches dont l'expérience indiquerait la nature et le besoin.

3° De discuter et d'adopter les améliorations demandées à toutes les initiatives, de manière à ce que Services onéreux, Services lucratifs, soient incessamment protégés, matériel et personnel, contre l'optimisme des fonctionnaires et enlevés aux atteintes de la routine.

Voilà quelle serait l'œuvre normale et continue, utile et calme du *Conseil national*, dit aujourd'hui Corps législatif, en session annuelle ou ordinaire.

En session décennale ou extraordinaire,
Cette œuvre serait :

1° D'apporter de rares, très-rares corrections à notre législation civile.

2° D'approuver ou modifier la conduite traditionnelle, et désormais toute défensive, de nos rapports internationaux.

3° De maintenir, dans le haut de la sphère d'activité sociale, toutes les conditions nécessaires : 1° au respect mutuel entre Communions, et, 2° à la concurrence loyale entre corporations et associations d'enseignement ; en un mot, toutes les conditions de la liberté. Car ici la Liberté c'est le Respect mutuel et la Concurrence égale.

Cette députation serait-elle décennale ou seulement à plus brefs délais, quinquennale par exemple ?

Serait-elle élue avec une solennité de mandat toute particulière ?

Aurait-elle à augmenter sa compétence par l'adjonction de commissions savantes ?

Devrait-elle traiter de ces hauts intérêts dans des débats à grand orchestre où l'éloquence politique, qui est une des jouissances et une des vanités gauloises, retrouverait sa tribune aux harangues,

Non licet inter nos tantas componeres lites.

Mais le passé, comme dit Leibnitz, se referait encore ici présent.

Cela nous rappellerait les anciens grands-jours des intendances royales; ce serait mieux qu'une tenue de nos vieux Parlements; ce serait presque une session de nos Etats-généraux.

Enfin, que ça valut mieux que notre moulin à phraséologie, que notre manufacture Législative, que notre chaudière révolutionnaire chauffée par l'esprit de parti.....

La Constituante prochaine en déciderait.

VIII

L'Etat, après la Réforme, est dégradé de ses fonctions magistrales. Il est expulsé de l'hémisphère supérieur. Dans l'hémisphère inférieur, il est même expulsé des neuf dixièmes de la région économique, c'est-à-dire de tout le *dominium civile.* Il est confiné dans cette région, sur le dixième restant, sur le *dominium commune.*

Mais là, dans ce coin unique, il monopolise au profit de la Nation, sous les ordres et la surveillance de la Nation, à des tarifs dont l'échelle mobile est votée chaque année en guise d'impôts par les députés de la Nation; il cumule, dis-je, sous sa gestion unique, les services onéreux d'une part, et les services lucratifs de l'autre.

L'Etat, ainsi interné et limité dans des fonctions exclusivement serviles, l'Etat tel QU'IL DOIT ÊTRE, comparons-le avec l'Etat TEL QU'IL EST; et cela à la hâte et avec laconisme, nous souvenant toujours du mot de Cicéron :

« D'autant plus clair que plus court : *Eo dilucidior quo brevior.*

Mais prenons un peu la chose de haut. Et pour mieux connaître l'Etat *actuel*, jetons un coup d'œil sur l'Etat *antique*, son prédécesseur.

L'Etat antique n'était que l'ampliation du pouvoir paternel.

La Société naissante était comme une grande famille ; et son chef ou patriarche (le mot l'indique) y exerçait tous les droits et devoirs de l'autorité domestique. Il en a été de même quand cette Société s'est agrandie par le fait de la conquête ; quand elle est devenue une pyramide de tribus subordonnées à des degrés divers d'infériorité et de soumission.

De patriarche devenu roi, de chef de clan devenu empereur, de *pater-familias* devenu césar, le chef de la cité antique, unique dans les monarchies, multiple dans les républiques, a toujours eu tous les droits et tous les devoirs sur la cité, du père sur ses enfants, et même du pâtre sur son troupeau. Homère appelle les rois, pasteurs de peuples, Ποιμενασ λαων. Traduction grossière : gouvernement du mouton.

Etait-ce légitime ? Oui, si la force est légitime. Non, si non. Car d'un père de famille à un autre, pourquoi pas égalité ?

Mais ce qui complique cette question de légitimité, c'est que les races n'étaient peut-être pas égales à l'origine ; les unes pouvant être initiatrices, plus vertueuses, plus laborieuses, plus prévoyantes ; et leur superposition devenant alors, non pas un résultat de la force brutale qui s'impose, mais un bienfait de la force intellectuelle qu'on accepte et qu'on chérit.

Laissons là cette question litigieuse de légitimité. Nous n'avons pas à la résoudre, et j'incline à l'usurpation.

Je me répète. L'Etat ou pouvoir social chez les anciens, expression abstraite de toutes ces ampliations du pouvoir paternel, avait donc dans la cité sur la masse des *sujets* les droits et les devoirs du père sur ses enfants mineurs au foyer domestique.

Ces droits du père de famille sur ses enfants mineurs, lesquels droits expirent à l'émancipation, quels sont-ils?

La nature les consacre, et en fait sentir elle-même la nécessité. Leur légitimité est éternelle. La racine s'en plonge dans les entrailles filiales aussi bien que paternelles ; et l'autorité des parents est aussi indestructible dans le genre humaim que la puissance génératrice.

Quels sont donc ces droits paternels ? Ils sont triples ; mais cette triplicité contient tout.

Régler la vie spirituelle.

Régler la vie intellectuelle.

Régler la vie économique.

Office de pontife, office direct ou indirect.

Office de pédagogue..... direct ou indirect.

Office d'omni-propriétaire..... toujours direct ou indirect.

Voilà la triple fonction du père de famille sur ses enfants mineurs.

Voilà aussi la triple fonction de l'Etat antique sur la société censée mineure elle-même, sur les nations sujettes.

Confirmons ce résumé de l'histoire par quelques citations qui ajouteront à son évidence.

« Selon les idées des Orientaux, le roi ou personnification
» de l'Etat n'est pas regardé comme le souverain, mais comme

» le propriétaire du pays et de ses sujets. C'est sur cette
» base que portent les institutions (1). »

« Dans l'Inde, au roi appartenaient les champs... appar-
» tenaient les chevaux, les éléphants, les animaux utiles.....
» Il réglementait également le commerce, prohibant certai-
» nes marchandises, faisant le monopole de quelques autres,
» et taxant les prix. Il levait les contributions jusqu'au quart
» du revenu (2). »

On lit cependant au *Code de Manou* (3) :

« Un champ est la propriété de qui l'a défriché, nettoyé,
» labouré, comme une antilope est au premier chasseur qui
» la blesse. »

Ces paroles prouvent, ajoute l'historien, que les Indiens connaissaient la propriété privée antérieurement aux Mongols, sous le règne desquels elle fut réduite à une simple possession à loyer (4).

Pour les peuplades primitives, prises sur le vif dans les exemplaires contemporains si nombreux encore et si variés que nos voyageurs ont étudiés et décrits en Océanie, au centre de l'Afrique, en Amérique et dans quelques appendices de l'Asie : Voir les récits de ces voyageurs, notamment de Dumont d'Urville.

Dans notre antiquité classique, dans les républiques grecques et dans la cité romaine, mêmes théories, mêmes institutions, quoique altérées.

« Persuader que nul n'est à soi, mais que tous sont à l'E-
» tat (Aristote, *Politique,* VIII), c'est, dit Bordas du Moulin,

---

(1) Héeren, *Politique et Commerce des peuples,* III, 378.

(2) Cantu, *Histoire universelle,* I.

(3) IX, 44.

(4) Cantu, *Histoire universelle,* I.

» sur ce principe que roulent les traités de la République et » des lois de Platon. Chez les Latins, Cicéron déclare que » l'homme n'a rien de particulier par la nature (*de Offic.*, » I, 8). Si l'homme ne s'appartient point, quelle chose pour» rait lui appartenir? L'aliénation de soi emporte celle de » tout le reste. Dès lors, absence générale de droits natu» rels. Point de liberté individuelle, de liberté de conscience, » d'opinion, d'industrie. Point de libre disposition des biens, » qui pour l'ordinaire passent aux aînés des familles, et dont, » dans tous les cas, la quotité et la transmission sont réglées » par les lois sur le luxe, sur les successions, qui ne laissent » aucun choix à l'individu. Quelques-unes de ces libertés sans » doute dans les républiques; mais elles sont des conces» sions de l'Etat, et non pas des droits de la nature. Telles » quelles, d'ailleurs, elles sont infiniment resserrées. La seule » liberté un peu étendue dont jouissent les citoyens est la » liberté publique ou la part qu'ils prennent chacun au gou» vernement, et qui ne renferme point par elle-même une » véritable liberté, puisqu'elle s'y rencontre avec l'oppres» sion de l'homme, ou la privation de l'exercice naturel de » ses facultés. Dans les républiques grecques, l'homme, le » citoyen, à plus forte raison l'esclave, n'est pas beaucoup » plus maître de ses biens et de lui-même que dans les mo» narchies de l'Asie (1). »

Les droits de seigneurie au moyen-âge étaient les droits de l'Etat antique, sauf les modifications, très-graves en principe et moins graves en fait, qui résultaient de la soumission universelle à l'Eglise.

Sous Louis XIV, seigneur central qui avait absorbé ou su-

---

(1) *Mélanges*, I, 410, 1846.

balternisé toutes les seigneuries secondaires, les droits de l'Etat ou du monarque sont proclamés être comme en Orient.

« Tout ce qui se trouve dans l'étendue de nos Etats, de » quelque nature qu'il soit, nous appartient au même titre. » Vous devez être bien persuadé que les rois sont seigneurs » absolus, et ont naturellement la disposition pleine et libre » de tous les biens qui sont possédés aussi bien par les gens » d'Eglise que par les séculiers, pour en user en tout comme » de sages économistes (1). »

« La théorie de Louis XIV, dit un écrivain, domaine émi- » nent et suzerain de l'Etat, dut en conséquence être formel- » lement repoussée par les principes de 1789, qui placent la » propriété parmi les droits de l'homme antérieurs et supé- » rieurs aux lois écrites. Ce qui a fait dire à Hegel que la li- » berté de la propriété ne date que d'hier; et elle n'est en- » core, on peut le dire, reconnue comme un principe que » sur quelques points isolés, la France étant un de ces points » depuis 1789 seulement (2). »

Voici un extrait du catéchisme autrichien, tel qu'on l'enseignait, il n'y a pas dix ans, en Lombardie :

« *Demande.* — Pourquoi les sujets doivent-ils se compter » comme des serviteurs?

» *Réponse.* — Parce que le souverain est leur maître » et qu'il a tout pouvoir tant sur leur bien que sur leur » vie (3). »

Un catéchisme analogue est enseigné par les popes en Russie et en Pologne par ordre et au profit du czar.

---

(1) Louis XIV, *Instructions royales.*
(2) E. Beausire, p. 400.
(3) *Doveri dei sudditi versa illo monarca.*

Napoléon le Grand essaya d'un catéchisme équivalent en France.

C'est le cas de dire, avec un journal républicain : « Les » révolutionnaires se raviseront. L'idée communiste n'est pas » dans la profondeur de leur parti, mais dans l'histoire du » passé qui les en accuse. »

Arrive la Révolution française. Véritable ère nouvelle, quoiqu'on en ait dit, ou mieux, en effet, expansion nouvelle des principes politiques de l'Evangile (*doctrine de Buchez*).

Elle déclare LES DROITS DE L'HOMME ET DU CITOYEN. Par conséquent, elle nie les droits de l'Etat. Mais la déclaration, une fois formulée, passe immédiatement à l'état de mythe incompréhensible. Aux révolutionnaires égarés dans les soucis et les passions de la défense nationale succèdent les Restaurateurs, qui restaurent les ruines faites, ayant pour seul souci de s'y loger à l'aise.

Au commencement du siècle, une seule tentative plus philosophique se fit dans les livres. M. de Bonald consacra un grand talent, animé des intentions les plus honnêtes, à vouloir essayer de reconstituer la nation française en une famille unique sous la direction d'une dynastie paternelle « et « à faire passer le pouvoir, au nom de Dieu et des hommes, » avec ses droits et ses devoirs, de la société domestique à » la société publique (1). »

Mais M. de Bonald (2) s'y prenait sur le tard. Et plus fort que lui a pareillement échoué dans la reprise de son œuvre. « Je m'en vais avec l'Europe, » a dit en mourant Joseph de Maistre, le grand athlète. Avec l'Europe monarchique. Pour-

(1) De Villeneuve-Bargemont, *Agonie de la France*, III, 1845.
(2) *Du divorce*, 1801 et de la *Législation primitive*, 180... ?

quoi ! parce que l'Etat antique n'a pas pu être reconstitué en France.

Et s'il ne se démolit pas ailleurs, c'est que nos tristes ruines restaurées, notre soi-disant démocratie, découragent et retardent nos imitateurs.

L'Etat actuel, en effet, sans être nettement l'Etat antique, n'en diffère que comme diffère d'elle-même une maison de la Calabre qui vient d'être secouée et disloquée par le Vésuve, par un tremblement de terre.

De cet État antique, secoué et disloqué par le soulèvement de 89, et formant l'État actuel, voici une définition très-exacte, malgré sa pointe d'ironie :

« L'Etat est, pour certains esprits, une puissance qui a sa » raison d'être en elle-même ; qui a un intérêt séparé de la » nation, et quelquefois opposé à l'intérêt du peuple. C'est » une espèce de Moloch auquel on doit sacrifier les droits, » les libertés, le bien-être des citoyens. Il existe et se con- » serve sous toutes les formes, avec une tête royale ou im- » périale, dictatoriale ou présidentielle, même avec les cinq » cents têtes de la majorité. Il est dirigé par des hommes » d'Etat, ayant une raison d'Etat, faisant des coups d'Etat, » et envoyant les citoyens dans des prisons d'Etat. On doit » défendre, par conséquent, l'enseignement de l'Etat, la re- » ligion de l'Etat, et surtout le trésor de l'Etat (1). »

Proudhon a été plus bref. C'est à lui qu'on doit la définition connue : l'Etat, tour de Babel ayant pour garnison les sept péchés capitaux.

(1) *Gazette de France*, 17 decembre 1849.

IX

Continuons le même sujet dans ce paragraphe.

L'Etat tel qu'il est étant bien esquissé, ou du moins aussi esquissé que *l'Etat tel qu'il doit être,* accentuons et précisons la comparaison des deux.

E. Forcade, esprit éminent, exhalait un jour cette plainte :

« La multiplicité insensée des fonctions publiques, l'entraî-
» nement qui y porte et y éteint, dans des services inféconds
» et une grande oisiveté, la partie la plus éclairée de la bour-
» geoisie, sont un des plus tristes symptômes des vices de
» notre situation économique (1). »

La catastrophe de 1870 a été plus éloquente que le plus éloquent écrivain sur cette oisiveté du fonctionnaire ; sur son asservissement à la forme ; sur son horreur de toute initiative, de peur, en se trompant, de nuire à son avancement ; sur sa disposition à sacrifier nation, vérité, justice, plutôt que de rien changer au service, à l'ordre ou à la lettre du réglement, servile agent qu'il est, et d'être mal noté par son chef.

Mais la fainéantise et la paperasserie sont bien plus au fond dans la fonction encore que dans le fonctionnaire. Tout notre cadre administratif et même judiciaire est un vaste parasitisme,

(1) *Revue des deux mondes*, 1849, III, 326.

une immense improduction de résultats utiles; et cependant le travail y est quelquefois considérable; mais, aux 99 centièmes, d'une stérilité à engendrer le dégoût et à provoquer la paresse des agents.

Encore une fois, c'est moins la faute des agents que des institutions. Ce sont ces institutions que la Réforme balayera, en construisant à neuf sur le terrain balayé.

La force laborieuse perdue ou mal employée dans cet ensemble d'institutions, à qui plus stériles, équivaut bien, ai-je dit, dans un paragraphe déjà lointain, à ce dixième de la force laborieuse que représente notre chiffre de population. Ce chiffre, 38 millions d'habitants, a pour équation approximative 20 à 25 millions de travailleurs effectifs. Mais les travailleurs de l'Etat (1,500,000) sont des travailleurs d'élite, et représentent bien le dixième de la force totale.

La réforme, en changeant la nature des fonctions de l'Etat, n'aurait donc point à amplifier de beaucoup son personnel, peut-être même nullement.

Ce personnel constitue aujourd'hui trois masses différentes dont la distinction serait conservée, et que voici :

1° Masse des fonctionnaires et autres agents soldés à vie.

2° Masse des soldats et marins.

3° Masse des ouvriers et journaliers payés à la semaine ou à tant d'heures de travail par jour.

De ces trois masses, quel est l'effectif actuel?

1° Masse des fonctionnaires.

« Administrer, dit un écrivain, réglementer, enchevêtrer,

» prohiber, primer, surveiller, écrivasser, gouverner, punir, » etc., etc. Cela s'appelle avoir à donner 535,365 emplois, » le chiffre est officiel (1). »

Ce chiffre s'est élevé depuis, au témoignage de M. Raudot.

« Aujourd'hui, dit ce publiciste, le total des fonctionnaires » est de 568,365. Sur 9 hommes en France, il y en a 1 qui » vit du budget, du budget de l'État ou des communes. »

Voici qui est plus explicite, voici des chiffres détaillés.

« TABLEAU *des employés en France, dressé sur le relevé fait » dans chaque ministère du nombre d'agents et fonction- » naires désignés par la loi du* 19 *mai* 1850.

» Justice	11,100
» Affaires étrangères	632
» Instruction publique	50,000
» Intérieur	344,000
» Agriculture	
» Travaux publics	10,000
» Guerre	30,000
» Marine	13,000
» Finances	76,000
Total	534,732

(*Non compris l'agriculture.*)

« 1° Dans les 11,100 agents du ministère de la justice, ne » sont pas compris 18,000 agents et légionnaires payés par » le budget de la Légion d'honneur.

(1) *National*, 14 février 1849.

» 2° Le nombre des agents payés par les communes, s'é-
» lève, à lui seul, à 300,000 sur les 344,000 du ministère de
» l'intérieur.

» 3° Aux 10,000 employés des travaux publics, on n'a pas
» ajouté 15,000 cantonniers.

» 4° L'armée reste en dehors, la gendarmerie, les pom-
» piers.

» 5° En dehors, restent également les prêtres (2). »

Ce même tableau est reproduit dix-huit mois après dans les journaux d'octobre 1853, et notamment dans le *Moniteur industriel* du 30 de ce mois.

Voilà pour les fonctionnaires.

2° Masse des soldats.

Armée en 1869	Active	417,483
	De réserve	424,746
	Mobile	389,986
	Total	1,232,215

3° Masse des ouvriers et journaliers.

Soit 200,000

Chiffre tout à fait imaginaire, je veux dire imaginé par moi faute de documents, mais qui n'a rien d'exagéré, je suppose. Songez qu'au seul arsenal de Brest, nous avons une moyenne constante de .... 10,000 ouvriers. Or nos grands ports militaires sont au nombre de trois et nous en avons deux moyens. Nous avons l'usine d'Indret. Je ne sais combien de fabriques d'armes et d'ateliers-annexes.

(2 Le *Siècle*, 8 janvier 1852.

Nous avons une trentaine de fermes modèles, et l'entretien en outre de tous les palais et châteaux avec leurs parcs, jardins, parterres, potagers et autres dépendances rurales ; nous avons de vastes et nombreuses manufactures de tabacs, avec des milliers de cigarières.

Nous avons deux grandes fabriques d'objets d'art, tapis et poterie de luxe : les Gobelins et Sèvres ; et l'imprimerie dite nationale. Nous avons des Ecoles d'arts-et-métiers à Paris, à Angers, Châlons et Aix. Nous avons des horlogeries à Besançon. Voici mieux, Dieu me pardonne ! Je cite :

« Ecole de bergers. — L'administration de l'agriculture » vient de décider, dit le *Journal officiel,* la création d'une » école pour les bergers. C'est dans la bergerie impériale du » Haut-Tingry (Pas-de-Calais) qu'elle s'ouvrira (1). »

Tous ces établissements, en plus de leurs fonctionnaires, doivent fourmiller d'ouvriers, de journaliers, de manœuvres, d'hommes de peine.

Mais la vaste fourmilière de ceux-ci, ce sont les chantiers légitimes dits de *Travaux publics.* Car, à part l'extraction des richesses minérales, c'est-à-dire à part le service lucratif du sous-sol, l'Etat a l'intendance de tout ce sous-sol lui-même ; et tous les services onéreux qui en résultent, lui incombent. Il a toute la création, l'entretien, la surveillance des ponts et chaussées, des canaux et rivières, des eaux et forêts, des phares de côtes, des digues, des dunes, des marais salants, enfin des mines elles-mêmes ; la plaisanterie allant jusques-là, qu'en plus de l'abandon des mines aux concessionnaires, nous leur fournissons un état-major d'ingénieurs gratuits complétés par pas mal de subalternes ; et cela pour les diriger,

---

(1) *Cosmos*, janvier 1869, page 91.

les conseiller, sous prétexte de quoi? de veiller à la fortune publique. Conception pharamineuse! Je vous fais un cadeau, le cadeau de ma cave, par exemple. Et de peur que vous ne gâtiez le vin, j'y attache à mes frais le service d'un tonnelier-chef.

Soit donc pour effectif de journaliers 200,000 en moyenne, qui sont, à longueur de jour, utilisés aux œuvres directes ou indirectes de l'Etat et salariés par le budget.

Quand je totalise à 1,500,000 travailleurs la force laborieuse de l'Etat actuel, je ne surfais donc point les effectifs connus. Au contraire. Cela dit du personnel, voyons les œuvres.

Voilà les agents. Voyez le travail:

ŒUVRES ACTUELLES DE L'ÉTAT.

Ces œuvres directes et indirectes de l'Etat actuel, examinons-en maintenant la nature, en passant outre à son intervention illibérale dans les deux zônes de l'hémisphère supérieur, cultes et enseignement, intervention de semi-pontife et de pédagogue suffisamment condamnée par nos principes.

Ne l'observons que sur la région économique.

Là, il ne se contente pas d'être percepteur, ce qui d'ailleurs est déjà énorme. Non, il ne se contente pas d'entonner avec le Crétois Hybrias la chanson antique :

> Avec ma lance, je fourrage, je moissonne, je vendange.

Il peut dire aussi avec le philosophe de Térence : Je crois que rien ne m'est étranger. *Nihil à me alienum puto.* En effet,

DANS L'ORDRE AGRICOLE.

Il est par les haras éleveur et propagateur de chevaux pur-sang et demi-sang. Il est berger, professeur et praticien ; il est nourrisseur de Durham et de porcs Leicester et cochinchinois ; il est élève et maître de labourage et de jardinage dans les 25 à 30 fermes-écoles et métairies-modèles ; dans l'une desquelles, à Grand-Jouan, près de Nantes, on a calculé, une année, que le foin lui ressortait à 400 fr. le millier comme prix de revient, le prix de vente étant de 20 fr. dans les alentours (voir l'*Espérance du peuple* de 1852). Les explications de ce fait ne manquent point et se devinent. Le fait n'en est pas moins instructif et plaisant.

Enseigner l'agriculture à coups de budget et l'encourager par des secours de dix millions (voir un rapport solliciteur de feu N. Lanjuinais, 1849), c'est comme si l'on saignait un malade d'une livre de sang pour lui en faire avaler un gramme.

On lit dans l'*Impartial du Finistère* :

« La plaisanterie des fermes-écoles nous coûte, entendez-le bien, 2,731,468 francs tous les ans, et le *Journal d'Agriculture pratique* nous annonce, n° du 5 octobre 1852, p. 302, que deux fermes-écoles, l'une dans l'Est, l'autre dans le Nord, viennent de mettre les clefs sous la porte. Et presque toutes les autres, sauf deux ou trois honorables exceptions, seraient logées au même numéro sans les 15 ou 20,000 francs que nous payons pour chacune d'elles tous les ans. »

Ce qui faisait dire à Dupin le président, aux comices de Clamecy : « que le personnel de ces fermes était comme une » nourrice qui, pour goûter la bouillie du nourrisson, la man- » geait en partie. »

DANS L'ORDRE MANUFACTURIER.

L'Etat est manutenteur de tabacs.

J'ouvre ici une parenthèse. Ces manutentions seront répudiées un jour par la logique inflexible de la Réforme et répugneront à sa rigueur technique, mais leur maintien sera très-heureux jusqu'à ce que la Réforme soit entièrement effectuée. Leur rendement fournira, à la caisse de rachat, des millions nombreux et précieux; et si quelqu'inconséquence pouvait être justifiée en fait de politique scientifique, ce serait la prolongation illimitée de ce monopole qui, pesant sur un quasi vice, constitue un impôt de luxe et presque de châtiment, très moral et très-bien placé.

Donc, l'Etat est manutenteur de tabacs, de poudre de chasse, de cartes à jouer et autres broutilles.

L'État est, nous l'avons vu, potier et tapissier modèle, fournisseur, en ce genre d'objets d'art, des cours d'Europe, des maisons princières, lesquelles paient la plupart du temps les factures de leur fournisseur avec des salamalechs. L'industrie privée n'a plus aucun besoin des leçons qu'étaient censés lui donner ces établissements coûteux, surfaits et devenus superflus. Elle n'a plus besoin que de leur clientèle pour faire mieux à prix égal, et aussi bien à meilleur marché. Nos expositions, celle de 1867, nous ont saturés de preuves à cet égard. Et dès 1849, la certitude était acquise.

« M. Gille, disait-on alors, révolutionne la porcelaine et » lutte avec la peinture historique de Sèvres, et dépasse » toutes les merveilles de l'ancienne sculpture en biscuit. »

« Si des fabricants de tapis ne se voyaient pas fermer le » débouché des clientèles princières par le service de la ma- » nufacture des Gobelins, ils fabriqueraient tout aussi bien » à meilleur marché...... et mieux à prix égal (1). »

---

(1) *Compte rendu de l'Exposition de 1849.*

« Dans le but de continuer à donner du travail après la
» Révolution de février à 4,000 ouvriers, MM. Morel ont ob-
» tenu du gouvernement l'autorisation de fabriquer des fu-
» sils, et on remarque un fusil fait avec toute la perfection
» des armes sortant des manufactures nationales, mais d'un
» prix bien inférieur (1). »

L'Etat est *encourageur* d'horlogerie et professeur d'arts et métiers.

Mais dans ses arsenaux, que n'est-il pas?

Il n'y a pas un métier qu'il n'y pratique, pas un outil dont il ne s'y serve, pas un produit manufacturé qu'il n'y fabrique, pas une menue marchandise dont il n'y tienne entrepôt. Dans ses arsenaux et dans ses autres chantiers de construction, usines et ateliers de machines de toute sorte, l'Etat est forgeron, serrurier, poèlier, chaudronnier, fumiste, cloutier, calfat, charpentier, ferblantier, menuisier, cordier, ajusteur, etc., etc.; je renonce à une énumération infinie....

Et comme l'œil du maître et l'âpre surveillance de l'intérêt privé sont partout ici indispensables, soit dans l'achat, soit dans le travail, soit dans l'emploi des matières sans nombre dont sont faites ces mille et mille menues choses, devinez, avec l'absence de cet œil et de cette surveillance, quel coulage! quel désordre! que de *rossignols!* que de *loups!* quelle perte sèche chaque année!

« La discussion qui a eu lieu à propos du service des pa-
» quebots-postes, a porté un rude coup au génie maritime.
» Il a été constaté que les frégates construites sur les chan-

---

(1) Jobard et abbé Moigno, *Compte rendu de l'Exposition*. 1849.

» tiers pour le grand service transatlantique voté en 1840, » avaient été construites non sérieusement, et de telle façon » que la vie des troupes qu'elles ont été appelées à trans- » porter, a dit M. de Lamoricière, a été plusieurs fois très- » sérieusement compromise (1). »

L'État *travailleur* serrerait de plus près ses devoirs, si on le maintenait illogiquement chargé de ces opérations que la théorie lui retire ; mais l'État actuel, l'État *seigneur*, s'y dirige à grandes guides, comme au temps de Louis XIV. Car noblesse oblige, que diable ! Quand on a l'honneur de porter épée et claque, on ne peut pas faire le pingre et l'épinglier comme un courtaut de boutique. *Aquila non capit muscas*. Ainsi parlent nos intendants à prétentions gentillâtres.

Ces allures et cette largesse de tradition royale dans la Marine et l'Armée, ont gagné, dans les travaux publics, jusqu'à nos ingénieurs d'origine républicaine (2). Rien n'y peut coûter trop cher du moment que c'est l'État qui commande et le budget qui paie. J'ai vu au phare de la Banche (entrée de la Loire) mettre au rebut des granits tout taillés, de 60 et 80 francs pièce, pour une faute de nuance dans leur couleur.

Voilà l'État actuel, voilà ce qu'il fait, à tort et à travers le travail incomplet de ses grandes fonctions obligatoires et normales, de ses occupations d'ordre universel et public.

Est-ce tout ? mais non.

---

(1) *Revue des deux mondes*, 21 avril 1849. — *Moniteur*, 31 octobre 1849.

(2) L'Ecole des *Travaux Publics*, dite plus tard *Polytechnique* est du 28 septembre 1794.

Qu'une notoriété de la Chambre soit saisie d'un portefeuille, et désire signaler son passage au ministère ; aux fausses ou vaines institutions déjà créées, des appendices et des suppléments nouveaux sont ajoutés.

Pourquoi voulez-vous qu'on s'arrête ? On vogue en pleine fantaisie, sous le vent du caprice et des bonnes intentions. L'État actuel est comme un fleuve qui n'a ni lit, ni fond, ni rives. Son envahissement se retire ici, s'étend là, absolument comme fait une eau débordée.

Et que de grands hommes ont assisté à ces abus sans y trouver de remède et sans en demander !

Ou plutôt, tous voudraient des remèdes ; mais une réforme qui n'est pas totale, n'est pas possible. Et comme on ne conçoit et que l'on ne désire pas une réforme totale, on reste dans le *statu quo* par l'inanité constatée des réformes partielles.

X

Continuons encore notre comparaison de l'État *tel qu'il est* avec l'État *tel qu'il doit être*.......

Mais je reviens à la discussion qui eut lieu à ce sujet en 1850, à Paris, dans le sein de la Société d'économie politique.

Je donne le compte rendu du *Journal des Économistes,* sans le reproduire textuellement.

Analysant l'action de l'État, M. Cherbuliez croit qu'elle comprend trois choses : L'*unité de but,* l'*unité de direction* et la *concentration de forces* pour atteindre ce but.

Voilà de la science; et nous verrons que toutes mes fonctions serviles exigent cette double unité et cette concentration, et que leur nature concorde avec l'action de l'État.

Essayant la Sécurité à cette pierre de touche, M. Cherbuliez montre qu'en fait de Sécurité, il y a nécessairement unité de but et de direction pour les membres de la societé; car tous sont intéressés à ce que l'ordre soit maintenu et la justice rendue de la même manière; et finalement que, pour arriver à ce résultat, il est indispensable que la société concentre toutes ses forces.

Il déclare qu'il n'en est pas ainsi pour l'Enseignement. Au

contraire, l'unité de but n'existe pas. Les citoyens sont catholiques, protestants, juifs, etc., croyants ou non croyants. Il faut qu'ils aient mille routes devant eux pour l'instruction première de leurs enfants. Ici, l'unité de direction conduirait à la tyrannie pour l'éducation, et, en fait d'instruction, à ce niveau bâtard sous lequel nous gémissons.

M. Clément pense, sur cette question de l'Enseignement, comme M. Cherbuliez.

Il ajoute ceci à l'argumentation.

La régie gouvernementale de l'instruction publique soumet l'avancement des professeurs à leur art de solliciter, de flatter les supérieurs, de se procurer leur protection.

Elle subordonne en outre les doctrines morales et philosophiques de la nation aux hommes qui se succèdent au pouvoir. Sous la Convention, elle eut fait des Dantonistes et des Jacobins; sous l'Empire, des adversaires systématiques de la liberté; sous la Restauration, des jésuites, des légitimistes; sous la monarchie de 1830, des budgétaires, des agioteurs; sous Carnot, en 1848, des républicains de sa nuance.

L'unité nationale qu'invoque la régie gouvernementale serait plus altérée par elle que fortifiée.

On objecte l'accaparement des jésuites......

« Cet accaparement sera légitime, s'il est encore possible, après la suppression du budget des cultes. » Textuel.

Cette réponse de M. Clément est pour moi péremptoire ; et tout libéral qui ne l'admettrait pas n'est plus..... Bleu, Blanc ou Rouge, qu'un traître à la liberté.

On objecte que la simple répression des délits ne serait pas une garantie de moralité. La réplique, c'est l'exemple de l'Angleterre et des États-Unis, où la direction gouvernementale est nulle, sans préjudice pour cette moralité.

Dans ma seconde partie sera reprise par moi cette question de l'Enseignement.

Je poursuis le résumé des débats et j'en reviens au critérium de M. Cherbuliez.

L'appliquer, selon lui, à l'Assurance réparatrice ou *indemnitaire*, ce n'est pas le déplacer de la Sécurité, car cette Assurance des biens contre les fléaux menaçants est une des formes de la Sécurité publique.

Mais que répondent à M. Cherbuliez ses collègues?

M. Say déclare que l'industrie fait très-bien les Assurances, et que l'État les ferait très-mal. — *Sic volo, sic jubeo;* ceci n'est pas un énoncé de principes, c'est une assertion. — M. Coquelin accorde la Sécurité et la Justice comme fonctions de l'État, « mais en dehors de ce Sinaï. » M. Coquelin lui interdit tout...., même les chemins de fer, pour lesquels cependant il conçoit qu'on ait pu hésiter.

Sécurité et Justice ?..... Je le répète, c'est le juge et gendarme des Bastiatistes. Mais, Messieurs, votre gendarme, votre sécurité, c'est 400,000 hommes ; c'est l'armée de terre et de mer; il faut la payer. Comment sans l'impôt? Et si l'impôt est maintenu, voilà votre État touche-à-tout, comme aujourd'hui....

M. Howin-Tranchère tranche le problème.

« Si l'Etat n'existait pas, il faudrait l'inventer, » dit un jour M. Grévy dans un interrogatoire électoral à Paris, en 1850.

L'État existant, notre économiste voudrait le supprimer. Il en désire l'annihilation, avec M. de Molinari.

L'intervention de l'État paraît à M. Howin-Tranchère la plaie de notre temps. Il aurait pu utiliser des expressions plus énergiques et qui sont connues, savoir : que l'État est l'*ulcère social*, le *mancenillier de la production, etc.* Mais enfin, il pense de son intervention : « qu'il faut la combattre partout et à outrance. »

M. de Calmont se replace, dit-il, sur le terrain indiqué par M. Cherbuliez. Il revient à la recherche d'un principe général. Et puis, pas du tout, au lieu de sortir du vague, il s'y plonge. « Il pense que l'action du gouvernement doit porter » sur la défense de tous les intérêts et être restreinte au » maintien de toutes les libertés. » Ce qui est ne rien interdire ni ne rien préciser.

M. Say redemande la parole. Il revient à son idée. Le critérium le plus pratique pour juger si une fonction doit être réservée à l'État ou lui être interdite est celui-ci : L'État fait-il mieux? ou fait-il plus mal que l'industrie privée?

En analysant le travail et le développement des sociétés d'assurance, par exemple, M. Say démontre que l'État n'aurait jamais pu se tirer des difficultés qu'offre cette industrie.

Il paraît que M. Say est intéressé à la bien connaître. Mais l'intérêt est un prisme et non pas une loupe.

M. Wolowsky les avait réclamées pour l'État. Si j'avais assisté à la *démonstration* de M. Say, j'y aurais opposé un seul argument. Celui de la Poste. Croit-il que le service de la poste n'est pas plus vaste, plus minutieux, plus compliqué, plus difficile, en un mot, que de rechercher les pigeons à primes et de les plumer?

Nous reviendrons à cette question d'assurances comme à bien d'autres. Nous trouverons là, en outre de la démonstration de M. Say, celle non moins convaincante, dit-on, de M. Pol de Courcy.

Avant de lever la séance, M. Ch. Dunoyer, président, a tenu à faire une observation, savoir : Que simplifier les fonctions de l'État, ce n'était pas les réduire à néant. Que son critérium à lui était que le produit fût meilleur et moins cher.

Fait-on mieux, fait-on plus mal? avait dit M. Say. Les deux caractères se ressemblent et ils sont bons; mais ils ne valent pas celui de M. Cherbuliez, qui les contient et n'est pas contenu par eux (1).

Nous essayerons plus loin à ce *critérium* vraiment scientifique, les huit ministères que la Réforme assigne comme cadres à l'action de l'État *tel qu'il doit être.*

Nous verrons si l'unité de but, l'unité de direction et la concentration de forces ne leur sont pas adéquates.

Mais, pour suivre et achever la comparaison de l'État *tel qu'il est*, avec l'État *tel qu'il doit être,* disons tout de suite que la Réforme effectuerait, dès son début, la vaste décomplication suivante :

Art. I. — Tout travail, tout enseignement, tout produit de nature agricole quelconque est interdit à l'État nouveau.

Art. II. — Tout travail, tout enseignement, tout produit de nature manufacturière quelconque lui est également interdit.

Art. III. — Toutes les commandes de l'État, participant de cette double nature agricole et manufacturière, denrées et marchandises, seront adressées à l'industrie privée, et obtenues d'elle dans les conditions connues d'adjudication publique, de soumission, de sous-enchères.

Art. IV. — Liquidation, graduelle ou non, mais totale, des usines, ateliers, magasins, domaines ruraux, etc., attachés aujourd'hui, comme dépendances de divers ministères, à la régie directe de l'État. Réintégration de toutes ces spé-

(1) *Journal des Économistes*, 1850.

cialités de l'industrie privée dans le sein de celle-ci, et versement à la caisse de rachat de tous les fonds à provenir des ventes consécutives.

Art. V. — Mise en retrait d'emploi, ou admission dans les emplois ou régies nouvelles de l'État, du personnel ci-devant occupé à titre quelconque dans lesdits ateliers, fermes ou manufactures liquidés, aliénés et supprimés.

Après cette vaste décomplication du rôle de l'État *tel qu'il est*, le rôle n'en serait pas moins encore très-vaste de l'État *tel qu'il doit être.* Mais du moins, l'objection que ce rôle serait infiniment agrandi par la Réforme, et le personnel multiplié, perd singulièrement de ce qui la rendait évidente. Cette objection ne porte même sur rien de vraisemblable.

Imaginons, quant au personnel futur, quelques chiffres hypothétiques.

Tableau *ou effectif du personnel de l'Etat tel qu'il doit être, (sans la distinction à faire des fonctionnaires, des soldats et des ouvriers)* :

Travaux publics, chantiers du sous-sol, partout présents, toujours ouverts		500,000 H.
Transports		300,000
Banque		25,000
Assurance civile ou sécurité judiciaire, juges de paix et des autres tribunaux, officiers ministériels, police		100,000
Assurance médicale ou sécurité sanitaire	Médecins.. 25,000 Subalternes 25,000	50,000
A reporter		975,000

	Report............	975,000 H.
Assurance défensive ou sécurité nationale..	Soldats et marins. Armée et flotte...	250,000
Assurance réparatrice ou sécurité contre risques,sinistres,etc.	Comptables, pompiers et autres sauveteurs.....	300,000
	Total................	1,500,000 H.

Le chiffre est faible de l'armée et de la flotte : 50,000 marins, 200,000 soldats.

Mais en fait d'armée permanente et comme cadres, il ne faut pas plus à la démocratie française.

Chaque travailleur se délassera au fusil, le dimanche, de son outil de la semaine ; et sur 10 millions d'électeurs, plus 500,000 pupilles de quinze à vingt-et-un ans, il ne sera pas difficile de verser, à un moment de besoin, dans cette armée permanente servant de cadres, une recrue instantanée de 1,500,000 hommes armés et exercés. La Nation pourra dès lors vivre tranquille dans le sentiment de sa force, et braver tous les plans de campagne des de Moltke futurs, des Guillaume et des Bismark possibles.

Objection innocente. Mais si l'Etat prend les transports, les mines, les assurances, la Banque, etc., que fera-t-on des myriades de gens qui y sont employés ?

Réponse : Ils y resteront employés, voilà tout ; mais on les réemploiera mieux. « La nature, a dit Bichat, est avare de « moyens et prodigue de résultats : » On fera comme la nature. De chaque unité de force on obtiendra un effet décuple, au lieu d'obtenir, comme aujourd'hui, de dix unités de force, un effet simple.

On supprimera le parasitisme des gens et des choses; le double emploi, le faux travail, la superfluité de matériel, l'excédant d'états-majors. Ces états-majors ne seront pas tous congédiés, mais réduits de 9 sur 10. Quant aux subalternes d'aujourd'hui, ils béniront leur changement de maîtres : interrogez-les, s'ils n'aimeraient pas mieux servir l'Etat que les Compagnies.

Les seuls individus qui ne trouveront pas profit à la Réforme, ne sont pas aussi nombreux qu'ils sont respectables. Ce seront MM. Turcaret, Schilock, Plutus, Mondor, le comte d'Alma-Viva, le baron de Nucingen et cinq ou six autres dont je ne sais plus les noms. A ces très-hauts et très-puissants seigneurs, la démocratie, reprenant pour rien ce qui leur a été donné pour rien, pourrait dire :

« *Sat prata biberunt.* »

Elle s'en gardera bien. Passionnée de justice, elle respectera, jusque dans ses abus, le principe de propriété qui fait sa base et sa force. Elle dédommagera donc ces messieurs de leurs apports. Elle rachetera leurs titres. Mais leurs millions et millions de jetons de présence ne s'engouffreront plus chaque année que dans les coffres-forts de la Nation.

Autre chose.

Réforme des prisons.

J'ai lu ceci dans une statistique déjà ancienne de M. de Watteville, inspecteur général des prisons :

« Maisons d'arrêt....................	263
» Maisons centrales..................	21
» Bagnes..........................	3

» Le produit du travail dans les vingt-et-une maisons cen

» trales, a été de .... 2,100,000 F.
» sur lesquels 400,000
» ont été le fait de 3,457 femmes, ouvrières à l'aiguille, » brodeuses, passementières, gantières, tisseuses, dentel- » lières.

» Et .... 1,740,000 F.
» ont été le fait de 11,865 hommes occupés au tissage, aux » états à marteau, à l'ébénisterie, à la cordonnerie, à la » confection d'habillements (1). »

Des calculs officiels plus récents portent le nombre des maisons d'arrêt à 327
et le nombre total des détenus à 66,061

C'est-à-dire à la 300e partie de notre population adulte.

Et par l'excès toujours croissant des dépenses, on en viendra peut-être, si ce n'est fait, à dire aux agents de répression et de poursuite : « Pas trop de zèle. » Hélas !

Ainsi, voilà la main-d'œuvre honnête de nos ateliers de ville qui rencontre dans les prisonniers, nourris, habillés et logés gratis, une concurrence insoutenable. La répression du crime et du vice, chez ceux qui y ont succombé, tend, par ses moyens, à augmenter la misère de ceux qui y résistent courageusement. Est-ce assez douloureux?

Et pourtant, on ne peut pas laisser tous ces détenus oisifs. Donc, que faire? des jérémiades et des projets de réforme? Hommes d'État et philanthropes ne s'en font pas faute.

« L'une des mesures, disait, voilà quelques années, M. Ba- » roche, alors ministre de la Justice, qui doit le plus con-

---

(1) Journaux du 19 février 1850.

» tribuer à raffermir l'ordre dans la société, est la réforme » des prisons.....

» Cette réforme a donné lieu à des travaux préparatoires » qui permettent d'en hâter l'application..... La tâche de » l'administration, en effet, est aujourd'hui terminée. Celui » de la justice commence. Il ne suffit pas d'établir le sys- » tème et les conditions de l'emprisonnement. Il est néces- » saire d'examiner si cette nouvelle organisation maintient » au châtiment son caractère intrinsèque, le caractère ré- » pressif; si la pensée d'expiation que son exécution doit in- » cessamment développer, n'est pas affaiblie; si les peines » conservent leurs caractères distincts, leurs degrés divers » de gravité, leurs rapports avec les faits qu'elles frappent... » s'il y a lieu de modifier, soit le Code, soit le système de » pénalité que proposent tous les projets de Réforme..... »

Je n'ai point à résoudre le problème, mais je ne serai contredit par personne en disant que dans la voie où l'on est engagé, son insolubilité est absolue.

Je ferai remarquer, en outre, que pendant que dans nos palais plus ou moins cellulaires, on s'ingénie à trouver des *minimum* de confortable et des *maximum* de salubrité en faveur des scélérats, les journaux retentissent incessamment de nouvelles comme celles-ci :

Trente mineurs de tel puits, dans telle mine, de tel district houiller, viennent d'être victimes du feu grisou. Vingt d'entre eux étaient pères de famille. Plusieurs laissent cinq et six enfants orphelins. La population est consternée.

Le 25 de ce mois, il s'est fait un éboulement dans les carrières de tel endroit. Les moyens de sauvetage étaient insuffisants. On calcule que trente ouvriers sont restés sous les décombres; on a pu en retirer quinze, dont dix grièvement blessés et cinq mourants.

Et vous croyez que les travaux souterrains du sous-sol aux mains de l'État, comme y sont déjà les travaux de sa surface, ne pourraient pas utiliser, aux endroits dangereux, ces gaillards qui se promènent gantés, caleçonnés, chaussés de neuf, dans le préau de nos maisons centrales? Et que, puisque la benne de charbon n'est pas trop lourde à brouetter pour des jeunes filles irréprochables, à 600 mètres sous terre, elle serait au-dessus des efforts à obtenir de nos gourgandines et de nos voleuses. Ah! bah!

En ceci, « le passé, toujours comme dit Leibnitz, se re-
» ferait encore présent. »

Chez tous les peuples civilisés autrefois, les convicts, les fripons, les malfaiteurs rachetaient en partie le dommage fait par eux à l'ordre social, par le dur ou périlleux travail des mines.

Légistes, abrégez la durée de la condamnation, si la pénalité est plus grande.

Administrateurs, donnez des encouragements de salaire; vous ne ferez pas du moins, par ces salaires, une concurrence déloyale, dans nos villes, à la main-d'œuvre honnête.

Quant à vous, philanthropes, si vous pleurez sur ces chers prisonniers descendus dans les profondeurs du globe, et dans des atmosphères sans soleil. Eh bien! pleurez.

Vos pleurs ne sont pas aussi chers que vos projets. Il a été constaté que près d'un milliard sera nécessaire pour doter la France d'un système complet de prisons modèles.

Avant de clore ce paragraphe, je reviens à la..........

Défense du pays.

200,000 soldats et 50,000 marins, ai-je dit. Mais, comme dans la gendarmerie actuellement, la carrière de soldat pourrait recevoir et offrir les avantages d'une profession tenable; donc, grâce à une suffisante paye militaire, l'enrôlement volontaire suffirait au recrutement. La Réforme effectuerait ainsi ce que les rois menteurs promettent en vain quand ils crient, pour se faire accepter : plus de conscription !

Avec ces 200,000 hommes d'armée active, nos 1,500,000 citoyens armés formant trois bans :

Gardes nationaux Sédentaires,
Mobilisables,
Mobiles,

couvriraient tout le pays d'une protection suffisamment efficace.

Mais le trop ici ne saurait nuire. Or une armée de *réserve*, et qui à l'occasion serait d'*avant-garde*, aurait pour effectif les deux tiers au moins des 500,000 ouvriers du sous-sol.

Pour cela, il suffirait d'insérer au programme d'admission dans les chantiers de l'État, l'obligation de s'exercer le dimanche au maniement des armes. Le reste, c'est-à-dire l'embrigadement des équipes en compagnies, en bataillons, en légions, serait une affaire d'écriture; et les ouvriers-chefs, les sous-chefs, les contre-maîtres, les piqueurs, les directeurs, les inspecteurs, les ingénieurs n'auraient, pour devenir un excellent corps de sous-officiers et d'officiers, qu'à se mettre quelques galons sur la manche.

Imaginez existante, lors de l'invasion Guillaume-pétrole, et dispersée dans mille cantonnements territoriaux, cette armée de travailleurs, habitués aux duretés du climat, comme au maniement de la pioche, de la barre à mines, de la hache, de la pelle de fer, et sachant aussi bien jouer du fusil et de la baïonnette que de ces lourds outils..... Comme cette armée nous aurait aidés à barrer le chemin au *flot civilisateur*, et à nous relever des trahisons par lesquelles sont sortis de la France, pour n'y jamais rentrer, les derniers demi-dieux de la superstition impériale (1).

Je suspends ici cette comparaison de l'État *tel qu'il devrait être* avec l'État *tel qu'il est*. Mais elle n'est pas finie. A vrai dire, c'est le fonds de mon travail tout entier.

---

(1) Les chiffres ci-dessus sont d'exposition et d'étude, je l'ai déjà dit, et rien de plus.

« Les chiffres signifient peu de choses. Toute la question est de savoir » si le système est bon ou mauvais.....

» L'arithmétiqne peut venir quelquefois au secours du raisonnement, » elle ne saurait jamais le suppléer.

» M. de Molinari, *Journal des Économistes*, juillet 1848. »

XI

« La politique est une science qui a ses lois comme la dynamique. Il s'agit de les trouver. » (*Presse,* décembre 1859.)

L'Etat, après la Réforme, laisserait tout citoyen pape de sa conscience, roi de sa pensée, propriétaire de son produit.

Mais en outre, appliquant aux services économiques, « SA CONCENTRATION DE FORCES ET SA DOUBLE UNITÉ DE BUT ET DE DIRECTION, » (*M. Cherbulliez*) il en exécuterait les produits divers.

Tels qu'ils sont, à prix moindre de moitié.

Ou deux fois plus abondants et meilleurs, à prix égal; ce qui revient au même.

Cette assertion commence déjà, je l'espère à prendre quelque évidence, mais on en trouvera, IIe partie, la démonstration finale.

Combien nous coûtent aujourd'hui les susdits services économiques, onéreux et lucratifs?

4 milliards.

4 milliards sur une production totale de 15, et de 15 au maximum :

4 milliards comme suit :

2 milliards; budgets de l'Etat, des départements et des communes : 2 milliards, 2 milliards 1/2.

1 milliard 1/2, sinon 2, recette brute des compagnies concessionnaires :

Total 4 milliards.

Je dis qu'après la Réforme, ces mêmes services :

1° fusionnés,

2° combinés,

3° concentrés,

coûteraient un tiers de moins, à quantité et qualité égales.

Et comme cette qualité et cette quantité seraient supérieures de beaucoup, la réduction effective équivaudrait à moitié.

Or, le prix de ces services constitue les frais généraux, non de tout l'ordre social, j'en conviens, mais de tout l'ordre économique : ce prix s'incorpore donc dans le prix de revient de chaque produit agricole et manufacturé.

Une baisse de moitié dans ces services économiques amènerait donc une baisse de 2/15es dans les frais de notre production entière. Une baisse de 14 % dans ces mêmes produits, agricoles et manufacturés. C'est-à-dire de quoi *sous-vendre* toute l'Europe.

« Comme la concurrence étrangère nous presse vivement » sur les marchés extérieurs, c'est sur de très-faibles différences de prix, 2, 3 ou 4 pour 100, qu'est motivée la » préférence de l'étranger *en notre faveur* (1). »

En 1848, M. Thiers s'écriait à la tribune :

« Oui, le mal est grand, et c'est parce qu'il est grand que » je le frappe à la tête. »

Quel mal visait M. Thiers ? je l'ignore. Mais je sais que

---

(1) M. Chevallier, *Rev. des D.-M.*, 1848, II, 1061.

depuis et malgré ses coups, le mal en général, frappé à la tête ou à la base, n'a pas laissé que de s'accroître.

Le paupérisme notamment survit dans toute sa vigueur. Personne n'en peut douter.

J'en déroulerai peut-être le hideux tableau ; peut-être m'en dispenserai-je, la réalité *de visu* étant assez frappante.

Il s'agit bien moins en effet de le décrire que de le détruire.

Or, la Réforme l'attaquerait dans le joint. Elle frapperait le minotaure entre l'atlas et l'axis ; au vrai point, au seul point vulnérable et mortel.

Partout ailleurs on le touchera en vain.

IMBELLE TELUM SINE ICTU.

Suppression du paupérisme, ou, dans la production des services économiques, réduction de frais, voilà ce qu'on peut appeler *quid unum et idem*.

Diminuez le prix de revient de vos denrées et de vos marchandises d'une autre façon :

Si c'est en réduisant les revenus, — le capital se retire.

Si c'est en réduisant les bénéfices, — les entrepreneurs s'abstiennent.

Si c'est en réduisant les salaires, — vous accroissez le paupérisme ouvrier au lieu de le restreindre.

Si c'est en réduisant revenus, bénéfices et salaires, — la consommation s'arrête, tous les acheteurs étant gênés.

Avec la consommation arrêtée s'arrête la production ; par conséquent ascension de la misère et non pas déclin.

Au contraire, que le prix de revient s'abaisse par l'abaissement des frais généraux, ce dernier abaissement étant dû à ce simple et profond artifice.

Fusion,
Combinaison,
Concentration,
des services onéreux et des services lucratifs en une seule main.

Les phénomènes sont exactement inverses.

Denrées et marchandises peuvent se vendre moins cher, d'un côté ; et de l'autre, chacun a beaucoup plus le moyen d'acheter ; car revenus, bénéfices et salaires, s'élèvent incessamment et simultanément.

Qu'on se souvienne que cette fusion, cette combinaison, cette concentration des services lucratifs avec les services onéreux, aux mains de l'Etat et au profit indivis et commun de la Nation, est la restauration des principes d'équité et de justice en fait de propriété nationale.

Qu'on se souvienne que l'Etat, cumulant ainsi toutes les fonctions serviles, mais s'abstenant de toute autre intervention, laissant chaque citoyen pape de sa conscience, roi de sa pensée, propriétaire de son produit, effectue à fond la liberté.

Et qu'on me dise si la Réforme est une réalité ou une chimère.

Pour moi, je me retourne vers vous,
Monarchistes,
Formalistes,
Communistes,
Et je vous défie tour à tour d'offrir à l'aisance, à la justice, à la liberté, des garanties égales.

Commençons par les derniers :

COMMUNISTES.

Il est bien entendu qu'en fait de Communistes je ne m'adresse qu'aux théoriciens. Les Communistes pratiques sont des malfaiteurs qui ne relèvent que de la police et non pas de la discussion. Ce sont des menottes qu'il leur faut et non pas des arguments.

Mais que proposent les premiers, les théoriciens du Communisme ?

1° Bestialiser le mariage, instituer l'omnigamie ?

2° Fonctionnariser la propriété ?

3° Ecraser les croyances religieuses dans le sang de leurs martyrs ?

Est-ce là ce qu'ils proposent? Pas du moins dans ces termes.

1° Bestialiser le mariage ?

Ils emploient des euphémismes. Leur critique des vices actuels du mariage, de ses misères et de ses abus, n'est d'ailleurs pas sans éloquence, n'étant pas sans vérité. Mais je l'ai déjà déclaré, je ne les suivrai point sur ce terrain. Que dire d'ailleurs qui ne serait vain et superflu après la dixième et onzième étude de Proudhon (1), contre les Vésuviennes et autres femmes libres, émancipées, égalitaires et bas-bleus ?

---

(1) « D. — *Comment définissez-vous le mariage ?*

» R. —Le mariage est le sacrement de la Justice, le mystère vivant de l'harmonie universelle, la force donnée par la nature même à la religion du genre humain. Dans une sphère moins haute, le mariage est l'acte par lequel l'homme et la femme, s'élevant au-dessus de l'amour et des sens, déclarent leur volonté de s'unir selon le droit, et de poursuivre, autant qu'il est en eux, la destinée sociale, en travaillant au progrès de la Justice. A cette définition se rapporte celle de Modestin, *Juris humani et divini communicatio,* que M. Ernest Legouvé traduit, avec moins de pompe, *Ecole de perfectionnement mutuel.*

» Dans cette religion de la famille on peut dire que l'époux ou le père est le prêtre; la femme, l'idole; les enfants, le peuple. Il y a sept initiations : les *noces,* le *foyer* ou la *table,* la *naissance,* la *puberté,*

2° Fonctionnariser la propriété. C'est-à-dire, en invoquant le progrès, nous ramener vers les époques anté-diluviennes ; c'est-à-dire, en invoquant la démocratie, parquer les citoyens comme des troupeaux de fellahs, dans des hiérarchies de fainéantise, en tête desquels quelques drôles prendraient des airs de pachas et de mandarins.

3° Ecraser les croyances religieuses, anéantir les cultes.

En voilà du libéralisme !

Ah ! mais, me répondent les prêtrophobes, nous ne sommes pas libéraux.

---

le *conseil de famille,* le *testament* et les *funérailles*. Tous sont dans la main du père, nourris de son travail, protégés par son épée, soumis à son gouvernement, ressortissants de son tribunal, héritiers et continuateurs de sa pensée. La Justice est là tout entière, organisée et armée : avec le père, la mère et les enfants, elle a trouvé son appareil, qui ne fera plus que s'étendre par le croisement des familles et le développement de la cité. L'autorité est là aussi, mais temporaire : à la majorité de l'enfant, le père ne conserve plus vis-à-vis de lui qu'un titre honorifique. La religion, enfin, se conserve là : tandis que partout ailleurs l'interprétation des symboles, l'habitude de la science et l'exercice du raisonnement l'affaiblissent sans cesse, elle subsiste dans la famille, s'y condense, et ne redoute aucune attaque : la révélation, toute idéale, de la femme, ne pouvant ni s'analyser, ni se nier, ni s'éteindre.

» D. — *Comment, rachetée par cette religion dans laquelle il est facile de reconnaître l'embryon de toutes celles qui ont suivi, la femme reste-t-elle néanmoins subordonnée à l'homme ?*

» R. — C'est précisément que la femme est un objet de culte, et qu'il n'y a pas de commune mesure entre la force et l'idéal. Sous aucun rapport la femme n'entre en comparaison avec l'homme : industrieuse, philosophe ou fonctionnaire publique, elle ne peut ; déesse, elle ne doit ; elle est toujours trop haut ou trop bas. L'homme mourra pour elle, comme il meurt pour sa foi et ses dieux ; mais il gardera le commandement et la responsabilité.

Tant pis pour vous.

La France, elle, est libérale, et le sera de plus en plus.

Et comme qui n'invoque pas la liberté invoque la force, essayez de celle-ci.

Il est facile de se poser en matamores aux clubs de la Villette, quand la police vous y aide. Mais le temps n'est plus où quelques Chaumette et quelques Marat faisaient peur à la bourgeoisie française.

En ce temps-là, la bourgeoisie était le Tiers-Etat, c'est-à-dire le tiers de la masse nationale.

» D. — *Pourquoi le mariage est-il des deux parts monogame?*

» R.—Parce que la conscience est commune entre les époux, et qu'elle ne peut, sans se dissoudre, admettre un tiers participant. Conscience pour conscience, comme amour pour amour, vie pour vie, âme pour âme, liberté pour liberté : telle est la loi du mariage. Introduisez une personne de plus : l'idéal meurt, la religion se perd, l'unanimité expire et la Justice s'évanouit.

» D. — *Pourquoi le mariage est-il indissoluble?*

» R. — Parce que la conscience est immuable. La femme, expression de l'idéal, peut bien, quant à l'amour, avoir dans une autre femme une doublure, et de son vivant être remplacée; l'homme, expression de la puissance, pareillement. Mais quant à la justification dont l'homme et la femme sont agents l'un pour l'autre, ils ne peuvent, hors le cas de mort, se quitter et se donner mutuellement un rechange : ce serait avouer leur commune indignité, se *déjustifier,* si l'on peut ainsi dire, en d'autres termes devenir sacriléges. L'homme qui change de femme fait conscience neuve : il ne s'amende pas, il se déprave.

» D. — *Ainsi vous repoussez le divorce?*

» R.—Absolument. La loi civile et religieuse a posé des cas de nullité et de dissolution de mariage, tels que l'erreur de la personne, la clandestinité, le crime, la castration, la mort : ces réserves suffisent. Quant à ceux que tourmente la soif du plaisir, l'*incompatibilité d'humeur,* le défaut de charité, qu'ils fassent, comme l'on dit, *séparation.* L'époux digne n'a besoin que de guérir les plaies faites à sa conscience et à son cœur; l'autre n'a plus le droit d'aspirer au mariage : ce qu'il lui faut, c'est le concubinage. »

De la Justice dans l'Eglise et la Révolution, III, 181–473.

Aujourd'hui, c'en est plus que les deux tiers. Et la force numérique est la moindre de ses supériorités.

Ne vous fiez donc pas, Communistes *de la blague,* à vos désirs d'écrasements, et à vos vœux de *martyriseurs.*

Ce n'est pas assez que d'être athée pour manier la tyrannie.

S'il faut, après tant de trahisons, à la France libérale, toute son énergie contre un Guillaume le Ravageur, il lui suffira, contre les avortons de Babeuf, d'un geste de mépris.

Cela dit à l'égard des Communistes, ajoutons que cette triste école, avec toutes ses idées rétrogrades, ne représente point l'erreur absolue.

Jamais dix hommes ne se grouperont autour d'une pensée quelconque, que cette pensée ne renferme une parcelle *au moins* de vérité.

Le Communisme est un des termes de l'équation sociale, comme l'Individualisme en est un autre.

Il faut faire la part aux deux, égale ou inégale? non pas, mais exacte.

Et c'est dans le degré de cette exactitude que la civilisation trouve sa mesure.

Peut-il n'être pas odieux au peuple, de voir que ce qui devrait être à tous, enrichit scandaleusement quelques-uns?

Que de l'iniquité d'un tel privilége le gros des individus n'ait pas une conscience bien nette ;

Que leur part de droit aux richesses latentes et indivises du *dominium commune,* ne produise dans leur esprit que quelques rares éclairs d'intuition, j'en conviens.

Mais fût-elle encore plus obscure cette intuition, elle suffit pour que la hablerie du Communisme acquière et conserve, au plus profond des masses déshéritées, quelque apparence d'une juste revendication, et quelques-unes des déductions d'un programme réparateur.

La Réforme, qui ne bestialise point le mariage; qui ne fonctionnarise point la propriété; qui n'écrase ni cultes, ni croyances, mais les entoure de ses respects, dépouillerait le Communisme du peu de vérité qui fait sa vie ;

Et par elle, et après elle, il n'y aurait plus de Communistes que ceux qui visent au bagne.

Après les Communistes, et comme on dit, sans comparaison, je vais m'adresser aux Monarchistes. Certes, les assimiler, ce serait manquer à la loi du respect. Mais enfin, Monarchistes et Communistes ne sont pas sans quelques rapports.

Nous avons une terre avare, disent les Communistes. Notre planète est le radeau de la Méduse; mille causes de stérilité empêchent notre ravitaillement. Procédons comme dans une ville assiégée. Mise en commun des ressources, partage du travail et des fruits.

Les Monarchistes n'acceptent pas la conclusion; mais l'anglais Malthus leur a signalé les prémisses comme vraies; il leur a dit : « Le dénuement est sur la route des sociétés (1). » Voyons à quel remède les Monarchistes concluent.

---

(1) « Nous pouvons tenir pour certain que lorsque la population n'est arrêtée par aucun obstacle, elle va doublant tous les vingt-cinq ans, et croît de période en période, comme les numéros 1, 2, 4, 8, 16, 32, etc., progression dite géométrique.

» Feignons que la terre bien cultivée double son produit annuel tous les vingt-cinq ans. Il faudrait pour cela que tout le sol se convertît en jardin.

» A ce compte, au bout de vingt-cinq ans, la population actuelle du globe, qui est, je suppose de mille millions, serait de deux mille, et la nourriture étant ainsi doublée, suffirait à son entretien. Mais cette

XII

MONARCHISTES.

Je dis à ceux-ci : Refaites la monarchie.

Refaites-la avec son cortége et son entourage; cour, courtisans..... et pourquoi n'ajouterai-je pas courtisanes? l'Histoire me le défend-elle?

Refaites la Monarchie.

Avec ses châteaux, palais et résidences; avec ses dotations multiples, ses listes civiles, ses apanages, ses pensions publiques et secrètes; avec ses fêtes, ses chasses, ses banquets, ses réceptions splendides; avec tous ses genres d'aristocratie, antique et moderne, d'épée et d'argent, de race, de robe, de cour, d'échevinage, de réclame et de prospectus; avec ses pairs et sénateurs et autres grands dignitaires; avec ses vrais et faux ducs, ses vrais et faux barons, ses chevaliers d'honneur et d'industrie, ses hauts conseillers, ses hauts administrateurs, ses hauts magistrats, ses grands financiers, grands concessionnaires, grands fournisseurs, avec ses états-majors de toutes sortes.

Refaites votre Monarchie, leur dirai-je, et choisissez-en le type *ad libitum;* avant 89, ou après 89, ou bien 1804, ou

---

nourriture ne croissant tous les vingt-cinq ans que comme 1, 2, 3, 4, 5, 6, 7, etc, en progression arithmétique,..... au bout de deux siècles la population serait aux moyens de subsistance comme 256 est à 9. »

Malthus, *PPe de la population,* 1809. I vol. p. 12, 13, 14, traduction de Pierre Prévost.

bien 1815, ou bien 1830, ou bien 1852. Celle que vous voudrez, absolue, représentative, constitutionnelle, parlementaire, royale, césarienne ; à l'anglaise, à l'espagnole, à la prussienne ou à la russe ; conforme aux temps, aux mœurs, au sol, aux principes ; une monarchie excellente, enfin !

Et répondez-moi, répondez à cette simple question.

Je ne vous demande pas si, avec cette Monarchie, vous réaliserez la liberté.

Quelle liberté? me diriez-vous.... car, dans votre dictionnaire, il y en a des centaines.

La liberté de vaquer à ses affaires? Le peuple ne demande que celle-là, le peuple des villes et surtout le peuple des campagnes.

Quant aux libertés d'un autre genre, elles ne sont guère réclamées que par des journalistes sans mandats. Nous ferions droit néanmoins à ce qu'il y aurait de juste dans leur réclame ; car la liberté politique est devenue, avec le progrès des esprits, le meilleur appui du trône ; ce serait notre intérêt d'en faire largesse.

Voilà ce que vous me répondriez.

Quant à effectuer une liberté non fictive et non partielle, une liberté au contraire positive et intégrale ; quant à faire en sorte que chaque citoyen soit le maître absolu de sa conscience, de sa pensée et de son produit, ce serait là, pour vous, de l'utopie, ou plutôt de l'inintelligible, du néologisme politique, du pathos.

Ne parlons donc point de liberté, ou bornons-nous, sur ce point, à la phraséologie courante, aux banalités en circulation, aux clichés des candidatures.

Je vous ferai une autre demande.

Je vous demanderai si, avec tout le luxe et tout le parasitisme qu'entraîne la Monarchie, même la plus modeste, même la moins prodigue des deniers publics, vous réaliserez une réduction dans le prix des services économiques, une réduction notable?

Et que me répondrez-vous?

Les services onéreux, ceux de l'Etat, s'exécuteront, c'est notre programme, avec toute la surveillance, avec tout le rigorisme de probité, avec toute la réduction de dépenses fausses, qu'il est possible de promettre et d'effectuer.

Les services lucratifs des Compagnies, ne regardant que ces Compagnies, nous n'avons point à nous expliquer à cet égard. Seulement, ces Compagnies ont des cahiers des charges. Il est de notre devoir, et il sera dans nos intentions, de les enfermer strictement dans l'exécution littérale de leurs engagements. Que si elles en sortent, ce sera pour adoucir, en faveur du public, les effets de leurs monopoles, et non pour les aggraver.

Très-bien. *Verba et voces. Pretereà nihil.*

La conséquence, c'est que le chiffre de 75 centimes par tête et par jour restera le chiffre chronique de la misère nationale.

En haut, quelque luxe mêlé d'inquiétude.

Au milieu, gêne et anxiété.

En bas, faim et haine.

Bel ordre social! Brillante restauration! Et comme cela vous garantit la durée et la solidité!

Mais que faire de mieux?

Avant que Malthus n'en eût donné la démonstration mathématique, l'éternelle pauvreté n'avait-elle pas été indiquée par l'Évangile comme une loi du monde, et comme l'occasion d'exercice de la vertu majeure, de la vertu qui résume toutes les autres, de la vertu de charité?

Nous propagerons dans les masses l'éducation chrétienne,

et les ramènerons, par là, à la sobriété; nous effectuerons de cette manière, la plus pratique quoique indirecte, l'enrichissement du peuple, par la réduction qu'il apportera lui-même à ses propres besoins.

Quant, au surplus de ses misères, cet ensemble d'institutions charitables et bienfaisantes, créé pour y subvenir, nous l'étendrons de plus en plus, comme un manteau de saint Martin, autour de l'humanité nue, affamée et souffrante. La classe riche retranchera dans son superflu, et même dans son nécessaire, pour diminuer la gêne des classes peu aisées.

Un des nôtres, un ministre de Louis-Philippe, a dit, dans le temps, une chose dure que nous n'accepterons plus :

« Les principes inflexibles de l'économie politique con» damnent ces institutions aumônieuses, comme ils réprou» vent la Taxe-des-Pauvres anglaise. C'est un encouragement » donné au vice et à l'imprévoyance; une invitation aux pa» rents de se décharger du devoir sacré de nourrir leurs en» fants. Ces institutions sont la cause du mal qu'elles pré» tendent guérir (1). »

Au contraire, nous prétendons agrandir plus que jamais les moyens de secours par lesquels les riches justifient, à l'égard des pauvres, le choix qu'a fait d'eux la Providence pour administrer la richesse. Car, à bien entendre leurs droits et leurs devoirs, comme on les entendait dans les siècles prospères de la vieille royauté, les riches n'ont pas à être les jouisseurs, mais les administrateurs de leur fortune.

Assez de ces phrases de sacristie.

Monarchistes, vous convenez de ce fait, de votre impuissance politique contre le paupérisme. Vous déclarez celui-

---

(1) Baron du Chatel, *Globe*, 24 mai 1825.

ci incurable. Cela suffit à votre condamnation. L'incurabilité du paupérisme, c'est un blasphème contre l'esprit humain.

Mais attention ici ; et tenez compte de ma distinction.

Paupérisme et pauvreté, c'est deux ?

Permis à M. Baudrillart, l'illustre professeur, de ne pas le savoir :

« Misère endémique et héréditaire, » dit-il (*Dict. pol.* de Bloock), en parlant du paupérisme.

Ce qui n'est pas une définition. Ce qui peut aussi bien se dire de la pauvreté.

Permis à M. Michel Chevalier de faire pis ; d'identifier tellement paupérisme et pauvreté, qu'il n'en fait qu'un seul et même phénomène tout le long de l'histoire ; et qu'il arrive, par suite, à cette assertion originale, que le paupérisme n'est pas une chose récente, quoi qu'en dise la nouveauté du mot ; et qu'au contraire, on le constate d'autant plus intense qu'on l'étudie dans une plus haute antiquité.

Il faut voir l'homérique description qu'il fait du paupérisme dans l'île d'Ithaque, à la cour de Pénélope (*Revue des Deux-Mondes,* art. cité, 1848).

Évidemment, pauvreté et paupérisme, comme concurrence et liberté, « c'est pour lui tout un. »

Ce que c'est que d'être le grand économiste de tous les gouvernements !

Pour nous, paupérisme et pauvreté, c'est deux.

La pauvreté est ancienne et le paupérisme est récent. Nous ne donnons point de démenti à l'instinct logique qui préside aux langues. Et le mot nouveau *paupérisme* nous semble avoir été créé, à bon droit, pour exprimer une chose nouvelle.

« La pauvreté des nations antiques exprimait une PUISSANCE PRODUCTIVE insuffisante ; elle était fatale.

» Cette pauvreté ayant survécu à une PUISSANCE PRODUC-

» TIVE presqu'illimitée, comme est devenue la nôtre, n'est » plus fatale ; c'est le paupérisme.

» Le paupérisme, c'est donc beaucoup de misère réelle » coïncidant avec beaucoup de richesse possible (1). »

Nous concluons de cette définition, donnée par nous voilà dix-huit ans, que le paupérisme est suppressible par cela même qu'il existe, ce que nous ne dirions pas de la pauvreté.

Monarchistes, vous déclarez le contraire, comme les économistes anglicans.

Heureusement que vous ne concluez pas comme eux au *laissez faire, laissez passer.*

Vous avez le cœur au moins d'apporter au malade des cataplasmes émollients, de touchants palliatifs.

Hélas! il n'y a qu'un malheur : c'est que le moment du remède efficace étant venu, ce même malade n'entend plus à autre chose.

Il s'irrite même qu'on veuille calmer sa douleur.

Tout en acceptant le bienfait des institutions aumônieuses, il semble y voir contre lui un supplément de trahisons. Ah! on a bien raison de l'accuser d'ingratitude! Moi, je l'en excuse.

Convoquez donc, par tous les moyens connus et inconnus, le ban et l'arrière-ban des gens de sympathie et des gens de piété. Fouillez toutes les escarcelles. Imposez toutes les générosités. Vous avez recueilli, les précédentes années, 100 millions, 200 millions d'aumône. Trouvez-en 300; rien n'y fera. C'est la goutte d'eau pour Lazare.

Mais, apportassiez-vous un soulagement moins illusoire à

---

(1) *Compte rendu de la Société académique de Nantes,* p. 63, 1852.

ses souffrances, le peuple, vous dis-je, ne vous en saurait pas gré. Il semble entrevoir que si 10 centimes lui sont envoyés d'en haut, c'est que 10 francs ont été perçus de trop en bas; mouvement siphoïde dont il s'exagère même à plaisir l'iniquité, et qui, dans tous les cas, n'a plus rien qui le séduise.

De plus en plus, vos hôpitaux lui répugnent. Caravansérails du bistouri et de l'opium! Communisme de la douleur! Promiscuité de la mort!

A lui comme à vous, dit-il, la médecine à domicile; la maladie soignée sous le toit du malade par les siens; et le médecin non gratuit, le médecin non plus des pauvres, mais de tout le monde; mieux rétribué qu'aujourd'hui, quoique moins coûteux au client, et cela grâces à l'universalité d'une prime sanitaire (1) faisant bienfait des deux côtés.

Vos crèches, asiles, ouvroirs, fourneaux alimentaires, bureaux de charité, bains gratuits, chauffoirs, etc., etc., tout cela vous apporte plus de soucis et de dépenses qu'à lui de joie et de bien-être. Comme un peu de pain sec, issu du travail, lui serait plus agréable, mangé en pleine suzeraineté! Vos maisons de refuge, vos hospices, vos maternités enlèvent sa vieillesse ou sa souffrance à leur milieu consolateur, à la vue du foyer domestique, à la vue du berceau.

Que la charité chrétienne et la piété individuelle; que la sympathie des cœurs aient lieu de s'exercer, même après une Réforme efficace, qui ne supprimera ni toute infirmité du corps ou de l'esprit, ni tout vice de conduite, ni, partant, toute pauvreté; très-bien!

---

(1) V. *Organisation de la médecine en Service public.* IIe partie. Prime sanitaire de 3 francs par tête et par an, donnant droit au concours de trois médecins auxiliaires et superposés.

Mais, le sentiment d'être écrasé dans la honte par ce qui devrait honorer, par l'excès du travail; mais le supplice de ne pouvoir jamais racheter le produit que l'on crée sans cesse; mais le dualisme éternel de ceux qui ont trop sans rien faire, et de ceux qui ont trop peu en s'exténuant!..... Ah! cela fera toujours de tout travailleur moderne un Spartacus révolutionnaire.

Pour empêcher mon vol, cassez, cassez-moi l'aile,
Enfermez-moi dans l'ombre... Ah! du moins, j'ai deux bras.
N'y pouvant pas monter, je secouerai l'échelle;
Et ses rolons brisés, nous serons tous en bas.

En d'autres termes, le cri de la misère lyonnaise :

Vivre en travaillant, ou mourir en combattant!

La France passera donc de votre Monarchie à la République, après avoir, grâces à vous, passé de la République à la Monarchie; et cela, dix fois par siècle.

Il ne faut pas autre chose que ce jeu de bascule, je l'ai déjà dit, pour l'écraser.

Monarchistes, restaurez vos monarchies et vous tuerez la France. Ne comprenez-vous pas, aux événements contemporains, qu'aucune royauté française ne rassurera les despotes ambiants.

La France est le noyau primitif et prédestiné de la République européenne.

Sa mission est finie si, fille aînée de la civilisation, elle n'apprend pas aux peuples rassasiés des rois, la manière de s'en passer.

XIII

FORMALISTES.

J'appelle ainsi les républicains de toutes écoles qui ont eu l'occasion de participer aux affaires, ou dont les idées servent depuis longtemps de fond aux critiques et aux doctrines du journalisme anti-monarchique.

Ces patriotes portent généralement un autre nom. Celui de républicains honnêtes et modérés. Autrefois ils se fussent appelés Feuillants et Girondins. Bien des causes de dissidence existent entre eux et les partis soi-disant plus avancés, qu'on nommait, dans le cours de la Révolution, Jacobins, Montagnards, Hébertistes, etc...

Ces dissidences, très-accentuées et très-réelles de fond et de forme, n'ont toutefois aucunement trait aux plans d'amélioration que les uns et les autres préconisent et se proposent d'appliquer ; car ces plans sont identiques et se réduisent aux trois moyens suivants :

1° Amplifier et centraliser la bienfaisance ;

2° Dégrever les frais généraux de la Nation et son besoin de liberté et d'égalité, de tout ce qu'ajoute la Royauté d'amplitude à ces frais et de contraire à ces besoins ;

3° Renouveler l'instruction publique, la rendre laïque, obligatoire et gratuite.

Voilà ces trois moyens.

Il nous faut en peu de mots les montrer vains, usés, impuissants ; essayons.

Convenons, dans un intérêt de clarté et de brièveté, de les désigner sous les trois noms appropriés suivants :

Philanthropisme,

Constitutionnalisme,

Pédagogisme.

1° PHILANTHROPISME.

Nos républicains ne se résignent aujourd'hui à l'invocation de ce moyen qu'en désespoir de cause. Beaucoup d'entre eux sont de fervents sectaires de l'économisme anglican. Cette secte scientifique a mis une science cruelle à désenchanter les cœurs. Elle a prouvé imperturbablement et sans réplique possible, que comme institution publique, la bienfaisance est plutôt une cause d'aggravation pour la misère de tous, que ce n'est un soulagement pour la détresse de quelques-uns.

Nos Formalistes ne disent pas non. Mais encore faut-il aller au plus pressé. En attendant que leurs deux autres moyens aient produit, par leur action prolongée, tout leur effet curatif, ils recourent, comme les monarchistes, aux institutions palliatives.

Celles-ci sont affectées d'un signe de croix ? on l'effacera ; tous les assistés ne sont pas chrétiens.

Ensuite, ces institutions ne sont pas complètes, ni suffisantes, ni soumises à un plan d'ensemble qui réduirait les faux-frais, les fausses écritures et les faux travaux, comblerait les lacunes, supprimerait les surcharges, et ferait qu'à égalité de ressources on obtiendrait bien plus de résultats et de bien meilleurs.

Donc, que l'assistance devienne une des grandes branches de l'administration publique, ainsi que l'avaient décrété nos héroïques conventionnels ; et l'humiliation des malheureux, qui était rendue extrême par les formalités de la charité religieuse, sera nulle dès qu'ils auront la conscience que la patrie, en les soulageant, ne fait vis-à-vis d'eux qu'acquitter une dette.

Voilà à peu près ce que j'appelle philanthropisme.

A tous les reproches d'insuffisance, de partialité, de gaspillage, d'énervement moral, mérités par l'assistance monarchique, l'assistance républicaine ajoute un vice de plus qui est capital.

Elle est entachée au plus haut degré de communisme. Qu'elle soit après cela dans la tradition révolutionnaire, je le sais bien. Mais en fait d'erreur politique, qui est-ce qui ne s'y trouve pas dans cette tradition révolutionnaire ?

Voilà pour le philanthropisme.

Passons au second moyen.

2° CONSTITUTIONNALISME.

Autre illusion. Attendre d'une constitution, si parfaite qu'on se promette de la faire, qu'elle dote la Nation d'un grand accroissement d'aisance, et qu'elle apporte une satisfaction notable à ses besoins d'égalité et de liberté, c'est, après tant de déceptions subies, s'opiniâtrer follement dans l'espérance.

Comptons nos essais malheureux jusqu'ici, à partir de

l'Eruption de.................. 89.

Constitution de................ 1791

— de.............. 1793 24 juin

Constitution de..............	1795	5 fructidor an VII.
— de..............	1799	22 frimaire an VIII.
— de..............	1802	16 thermidor an X.
— de..............	1804	28 floréal an XI.
Charte de.................	1815	14 juin.
Acte additionnel de..........	1815	mai.
Charte-vérité de	1830	
Constitution de..............	1848	
— de..............	1852	
Sénatus-consulte de..........	1870	28 mars.

Et vous croyez, Républicains formalistes, vous croyez
Que l'EXÉCUTIF,
L'ADMINISTRATIF,
Le DÉLIBÉRATIF,
Réagités de nouveau dans le cornet de la Révolution, vont nous amener cette fois, par un coup de dés jusqu'ici chimérique, le double-six de la liberté et de l'aisance.

Croyez-le, mais alors, libres-penseurs ou non, vous avez de la foi de reste.

Pour moi, j'attends avec tristesse le spectacle qui ne sera plus amusant cette fois, n'étant plus nouveau, de vos 900, au minimum 750 candidats heureux, ou numéros gagnants, sortis de l'urne, à la loterie électorale, après force *palabres* débitées à une multitude incompétente; je les attends, dis-je, et j'irai peut-être les voir légiférer 116 nouveaux articles, comme en 48, pour charte à la liberté.

Vont-ils encore s'en donner et du scrutin, et du discours écrit et improvisé, et du vote nominal, et du rappel à l'ordre, et du verre d'eau, et de la sonnette présidentielle?.....

Pour organiser la dévastation d'un peuple voisin, il a fallu en Prusse un homme, peut-être deux, peut-être trois?

Il nous en faut 900 à nous, pourquoi faire? pour emmailloter la Liberté dès qu'elle vient au monde, et faire qu'au bout de quelques six mois l'enfant n'est plus qu'une momie.

De l'esprit, me dira-t-on d'un ton grave, de l'esprit à froid, de l'ironie sans sel. Croyez-vous qu'avec cela vous nous dégoûterez de nos principes de 89?

De l'esprit? je ne m'en défends pas; s'il ne suffit à rien, il sert à tout.

Quant aux principes de 89, je ne prétends pas vous en dégoûter, mais vous en instruire. Et pour cela, à de l'esprit tel quel j'entends joindre de la science et aussi de l'indignation. Je suis lassé, moi et d'autres, de cette invocation éternelle aux principes de 89.

Je l'ai déjà dit, je le répète.

La Révolution française a été une bataille et un problème.

La Révolution-bataille a réussi.

La Révolution-problème a échoué.

Mêlée confuse et sanglante de classes ennemies, d'intérêts contraires, de préjugés hostiles, de passions rivales, d'origines et de traditions diverses, la Révolution est sortie de cette mêlée ayant écrasé la résistance. C'est vrai; mais c'est tout.

La nation couche, depuis, sur le champ de bataille. Des ruines restaurées ne sont jamais que des ruines. Et nous y sommes baraqués dans la gêne et dans la souffrance.

Pourquoi?

Parce que la Révolution-problème est restée insoluble.

Parce qu'à peine si en 89, bien devancée par le sentiment du peuple, la Science fournit à ce problème quelques données.

Quant à une formule nette, point.

Des éclairs de bon sens traversèrent les discussions; des

axiomes préparateurs furent émis; des indications du but se multiplièrent; on ne fut pas sans signaler quelques moyens.

Mais que firent de tout cela les Formalistes du temps? Ce qu'en ont fait leurs successeurs?

Une litanie de libertés et d'égalités nominales que voici:

Égalité devant la loi.

Égalité de partage.

Inviolabilité du domicile.

Inviolabilité de la vie privée.

Liberté de conscience.

Liberté de pensée.

Liberté de la presse.

Liberté d'enseignement.

Liberté d'association.

Et un tas d'autres libertés :

De banquets.

De réunions.

De souscriptions.

De séduction (*Code civil,* art. 340).

Admissibilité à tous emplois.

Universelle candidature.

Gratuité de la justice.

Simplification de procédures.

Intégrité des magistrats.

Proportionnalité de l'impôt........................

.........................Et mille autres vas-y-voir!

Voilà comme on a monnayé la pensée de 89.

Voilà la litanie de nos égalités et libertés nominales.

Arrive le jour des Rogations, à l'époque printanière de nos Gouvernements qui se renouvellent, la procession des avocats, et autres candidats du budget, s'en va visiter, chantant cette litanie, les chapelles du pouvoir. Puis..... fête de l'Ascension, et on monte en grade !

Mais, Budgétaires de tous les Régimes, la Nation ne sent jamais monter qu'une chose, c'est le niveau de ses misères et de ses déceptions.

Si tout cela faisait son bonheur, en effet, pourquoi tant de convulsions périodiques interrompant une continuité de souffrances tacites ?

Et si elle souffre réellement, que venez-vous donc lui chanter sans cesse vos mêmes invocations des principes de 89.

Faux et menu monnayage, je le répète, d'une médaille immortelle.

Chapelet de dévotion libérale qui n'inspire plus la foi.

Collier de grelots sonores qu'on réagiterait en vain au cou de la Nation ; le son en est fêlé et faux et n'excite plus sa marche.

Assez comme cela de ces mutations de mots, de personnes et de surfaces.

Assez de remaniages dans le *statu quo*.

Assez de rotation de l'exécutif, du délibératif et de l'administratif : verroterie de caléidoscope où le peuple ne voit jamais que du bleu.

Res omnium, res nullius.

Cuique suum.

Suppression des fonctions magistrales ;

Cumul des fonctions serviles ;

Constitution scientifique et rationnelle de l'État moderne ;

Seigneur autrefois, serviteur aujourd'hui ;

Plus d'impôt, mais loi des deux Ager, loi agraire ;

Et par ces moyens, AISANCE et LIBERTÉ.

Républicains Formalistes,

Après votre *philanthropisme* et votre *constitutionnalisme*, voyons votre *pédagogisme*.

XIV

Tous les AUTORITAIRES ont demandé le pédagogisme de l'État, l'instruction publique aux mains du Gouvernement. Nous allons le voir.

Tous les AUTORITAIRES, soit monarchistes, soit républicains. Nos trois partis, Blanc, Bleu, Rouge, qui divisent la France depuis quatre-vingts ans, se succèdent et se renversent dans la même prétention maniaque. Qu'il serait bien temps que la jeunesse française sortît de ces vieux parcs à moutons !

Pour moi, je ne me borne pas à une protestation. L'État doit posséder les écoles spéciales qui feront tête à chacun de ses grands services. C'est entendu. Mais en dehors de cela, la fonction de Pédagogue, fonction magistrale, lui est radicalement interdite, non pas par le caprice d'une majorité versatile, mais au nom de la science, au nom de l'ordre et de la liberté.

Telle n'est point l'opinion du ministre provisoire qui, dans le GOUVERNEMENT DE LA DÉFENSE NATIONALE, vient de remplacer *Son Excellence le grand maître universitaire*. M. Simon paraît plus porté à exagérer en sa personne qu'à réduire les prérogatives du dit *grand maître*. Ses œuvres tendent déjà à témoigner, comme ses livres, qu'en fait d'enseignement, la Société doit être subordonnée à l'État.

On me met à l'instant même sous les yeux sa circulaire du 17 novembre dernier. Elle est parfaitement conforme à son petit livre intitulé *Instruction populaire en France,* édité à la Bibliothèque *libérale,* rue Serpente, 37, à Paris. Voyons s'il s'y trouve autant de Libéralisme que de Paralogismes.

Voici comme raisonne (en style plus beau, bien entendu) M. Jules Simon, fidèle en cela à ce qu'il appelle, lui, la tradition et, moi, l'aberration gouvernementale.

1° Il n'y a qu'un remède sérieux et pratique en France à notre insuffisance de richesse et de liberté.

2° Ce remède sérieux et pratique, c'est l'extension rapide et illimitée de l'instruction nationale.

3° Pour que cette instruction nationale devienne illimitée et rapide, il faut la force des lois et celle du Budget. Il faut que cette instruction soit obligatoire et gratuite. En un mot, il faut que ce soit l'œuvre de l'État et sa grande œuvre.

4° Donc ouvrons, instituons sur un vaste plan d'ensemble, depuis la grande ville jusqu'au dernier des villages, des écoles de filles et de garçons, primaires, secondaires, tertiaires, professionnelles, agricoles, artistiques, littéraires, etc., et que pour toute cette scolarité, les contribuables confient à des fonctionnaires sans nombre le maniement de millions également sans nombre.

A ces affirmations de M. Simon, j'oppose les dénégations suivantes :

1° Il est faux qu'à notre insuffisance de richesse et de liberté, il n'y ait de rémède sérieux et pratique autre que le vôtre. Il y a celui d'une rectification radicale dans le jeu de notre puissance productive. J'affirme cette rectification ; vous, républicain formaliste, vous la niez. Entre vos négations et mes preuves, au public de choisir.

2° Il est faux que votre remède, qui ne serait pas unique

en tout cas, soit un remède sérieux. Car il est faux que l'ignorance des masses soit la cause de leur misère, et que le paupérisme ne soit dû à rien autre chose qu'au défaut d'instruction (1). Cette instruction, de votre propre aveu, est très-répandue en Angleterre ; eh bien ! le paupérisme provient de ce pays, et y est plus intense que partout ailleurs.

3° Il est faux que l'instruction de la Nation ne puisse devenir rapide et illimitée que si l'on en fait une fonction de l'État. L'expérience prouve le contraire en Angleterre et aux États-Unis. Hâtez l'aisance, vous hâterez l'instruction. D'ailleurs, l'homme ne s'instruit pas que par l'école ; instruction et scolarité, c'est deux. La Société tout entière se fait enseignement à elle-même ; et croire à l'Instituteur primaire comme à une panacée universelle, est une farce qu'il ne faut pas trop prolonger.

Que dirai-je du caractère obligatoire? Quelle logique ! La liberté à coups de gendarmes.

---

(1) *Cartes statistiques de l'instruction publique en France.*

Ces cartes font connaître le nombre d'habitants de chacun de nos départements qui ont déclaré savoir lire avant le 1er janvier 1866.

Elles représentent pour la première fois l'état de l'instruction de toute la population *au-dessus de sept ans*. Les cartes analogues dressées antérieurement n'avaient pu être basées que sur les chiffres du recrutement ou des mariages.

Deux tableaux : l'un donnant la statistique générale de l'instruction primaire en France au 1er janvier 1866 (population totale, hommes et femmes) ; l'autre donnant la statistique des progrès de la connaissance de la lecture et de l'écriture.

La moyenne de la France (hommes) est de 64 inscrits sur 100. Ainsi, de leur propre aveu, plus du tiers des Français avouent ne pas savoir écrire.

La moyenne des femmes sachant lire et écrire est de 52 inscrites sur 100.

(*Magasin pittoresque,* août 1870, p 268)

Oui, nous vous prendrons de force vos enfants pour les instruire. La sainteté du but justifie notre moyen.

Pourquoi donc, Messieurs les PÉDAGOGUES, tous vos cris que j'ai cru sincères sur l'enlèvement du petit *Mortara?* Vous faites la chose que vous avez tant reprochée. Votre instruction obligatoire est la *coge intrare* des théocrates appliqué au B-a-Ba des Pédants. C'est l'inquisition passant du Saint-Office à la Sorbonne.

Qui êtes-vous donc, cuistres ou bedeaux, pour substituer votre Providence à la mienne, à moi père de famille? Vous me dites, que paysan ou ouvrier, j'envoie mon enfant garder les vaches ou travailler à l'usine, au lieu de le laisser aller chez l'instituteur? C'est vrai. Mais à qui la faute? Mon salaire est échancré par l'impôt, par le parasitisme, par le capitalisme; il ne suffit pas pour faire vivre ma famille. Il faut bien alors qu'à ce salaire insuffisant s'ajoute le travail prématuré de ma progéniture. Détruisez l'impôt qui me ronge, le fonctionnarisme parasite qui m'appauvrit, réduisez le capitalisme qui me rançonne; et vos écoles n'auront plus besoin, pour que mes enfants s'y rendent, ni de gratuité, ni de coërcition. Je les paierai ce qu'elles valent, et j'en aurai moi et les miens la passion, du moment que j'en aurai le choix et les moyens.

Mais, dans l'avenir, la souquenille ne saurait être plus sacrée que la soutane aux yeux de la liberté. La férule n'a pas plus de droit au budget public que le goupillon. Orthodoxes et libres penseurs, francs-maçons et congréganistes, ouvrez vos écoles sœurs ou rivales; perfectionnez vos méthodes; choisissez d'excellents maîtres; améliorez vos programmes; imprégnez vos enseignements d'une moralité irréprochable; mais laissez-moi tranquille, moi citoyen, moi souverain dans l'indépendance de mon choix, dans la liberté de mes préférences. Faudra-t-il donc que nous ayons l'unité d'éducation imposée à coups de sergents de ville, comme autrefois l'unité de foi à coups de dragonnades.

Quand je vous dis que la vieille école jacobine est plagiaire, et n'a jamais su qu'une chose, pondre dans le nid de la Monarchie ses prétendus œufs républicains.

Jugeons-en par les citations suivantes, citations après lesquelles je reviendrai à M. Jules Simon, GRAND MAÎTRE DE L'UNIVERSITÉ, et à sa circulaire.

Je commence par Turgot.

Cet homme d'État concluait, nous l'avons vu, à l'aliénation de la fortune publique en faveur des particuliers. Le voici qui demande que les particuliers aliènent leur paternité intellectuelle en faveur de son roi.

« Sire, la première et la plus importante de toutes les
» institutions que je crois nécessaires, celle qui me semble
» la plus propre à immortaliser le règne de Votre Majesté,
» celle qui doit influer le plus sur la stabilité du royaume,
» serait la formation d'un conseil de l'instruction nationale
» sous la direction duquel seraient les académies, les uni-
» versités, les colléges, les petites écoles. »

Réglementation à la Colbert tant blâmée par Turgot, et transportée par celui-ci de la fabrication des étoffes à celle de l'intelligence nationale.

Dix ans plus tard, même réclame du même *instrumentum regni*. Mais quelle dissemblance de règne ! Il s'agit toujours de la même prétention, couler le cerveau de la nation tant qu'il est liquide, le cerveau des générations naissantes dans le moule officiel. Mais que le moule est différent !

« Citoyens, c'est Danton qui parle, dans ce moment où la

» superstition succombe pour faire place à la raison, vous » devez donner une centralité à l'instruction publique (1). »

« Personne, ajoute Cambon, ne peut s'opposer à la pro- » position, parce que nous voulons tous la prospérité de la » République, et que cette unité ne peut subsister sans l'u- » nité dans l'instruction, dans les lumières (2). »

« Comment donner, s'écriait plus tard le conventionnel » Romme, à l'instruction publique un caractère bien pro- » noncé de républicanisme, si on n'y met pas d'ensem- » ble (3). »

« L'unité de la République, dira à son tour Lakanal, ap- » pelle l'unité d'enseignement (4). »

Comme l'unité de la monarchie sous Mme de Maintenon exigeait l'unité de Foi et d'Église.

Fameux fondateurs de la liberté ! L'Université, la fille des rois, ils en font la fille de l'État. Absolument comme du vieux fisc, ils ont fait l'impôt démocratique !

Unité d'enseignement......

« Accepté ! » leur cria un jour l'empereur. Et il fait signe à Fontanes, son mamelouck littéraire ; et celui-ci, prenant au mot, comme son maître, les grands unitaires de la Convention, vous encaserne la jeunesse française dans la négation de leur principe avec l'identité de leur moyen.

Surviennent les restaurations de rois.

Toujours asservissement de la Société à l'État ; asservissement par l'éducation.

---

(1) *Moniteur,* 5 frimaire, an II.

(2) *Ibidem.*

(3) 7 germinal, an III.

(4) 7 brumaire, an IX.

Théoriciens blancs, théoriciens rouges, tous sont d'accord, et par cet accord dans la même thèse, en accusent l'évidente absurdité.

« L'Université, dit M. Royer-Collard, n'est autre chose » que le gouvernement appliqué à la direction universelle » de l'Instruction publique. Elle a été élevée sur cette base » fondamentale, que l'Instruction et l'Éducation appartien- » nent à l'État, et sont sous la direction supérieure du » Roi (1). »

Quand un homme politique parle ainsi et est populaire, peut-on s'étonner que la génération contemporaine ait subi et montré tant d'aplatissement !

M. Guizot parlera plus tard comme son chef de file.

« Réunir, dit M. Guizot, tous les établissements d'éduca- » tion en un grand corps sonmis à la surveillance d'une au- » torité supérieure placée elle-même au centre du gouver- » nement, et donner à cette autorité tous les moyens de dis- » tribuer convenablement l'instruction et de propager les » bonnes doctrines religieuses, morales et politiques.... Tel » est, tel sera toujours à cet égard l'intérêt social... L'Ins- » truction publique appartient à l'État (2). »

Avec 48, la grande maîtrise universitaire passe des mains de MM. les Eclectiques à M. Carnot, puis à M. de Falloux, puis à M. Duruy. Dire ce que ces secousses, allant d'une extrémité polaire à l'autre, imprimèrent de souplesse aux

(1) Lois de finances, 1817.

(2) *Essai sur l'histoire de l'instruction publique en France*, p. 74.

doctrines des professeurs et de trépidation morbide à l'intelligence nationale, est impossible. Et nos Pachas à trois queues sont pourtant bien loin d'avoir pu réaliser leur idéal turc. Pour connaître cet idéal, écoutons les francs-parleurs.

Écoutons ceux-ci proclamant, de droite et de gauche, leur soif de tyrannie.

Janissaires de droite :

« Dira-t-on que l'humanité rachetée est soumise à deux
» procédés de sanctification : l'un de compression et de tu-
» telle, l'autre d'émancipation et de liberté? Ceux qui pro-
» clament ce dernier procédé, ce sont ces Millénaires dont
» la nouvelle espèce est connue. Ils se sont appelés l'*Ère nou-*
» *velle.* » (Jules Morel, *Univers*, 14 décembre 1852.)

Ce M. Morel est, lui, pour le procédé de tutelle et de compression, et non pas d'émancipation et de liberté, le bon abbé.

Autre janissaire du même côté droit :

« Un homme d'esprit, au pouvoir en ce moment, commen-
» cerait par deux choses :

» 1° Opérer une saisie générale en France de tous les
» mauvais livres.

» 2° Congédier immédiatement tous les instituteurs issus
» des écoles normales (1). »

Attrape, pauvre Nation.

Depuis 89, tous les partis battent le roulement de la liberté. Excellent tambour pour ameuter les passions ; bien sonore, bien vide. Peau d'âne dessus, peau d'âne dessous ; sans compter les oreilles des badauds. Puis, installé au Pouvoir dans

---

(1) Blanc St-Bonnet, *De la Restauration française*, p. 134.

la Bastille universitaire, chaque parti, à son tour, dit à la Nation, comme le Potier d'Horace : Que ferai-je de toi, pauvre argile ? une statue, ou une cruche ?

Mais je n'ai pas fini mes citations. Écoutons.....

Un janissaire du côté gauche :

« Nous disions récemment que c'était au ministre de l'ins-
» truction publique à donner à notre pays l'unité qui lui
» manque... Nous saluerions d'acclamations enthousiastes
» un simple décret ainsi conçu : — Sont exclus des fonctions
» de l'enseignement toutes personnes ayant fait vœu de céli-
» bat, car la Société civile est fondée sur le mariage, et ne
» peut confier ses enfants à ceux qui pratiquent un autre
» état plus saint à leurs yeux que celui du mariage. » (Jean Rolland, *Opinion nationale,* 19 mars 1870.)

Comme on voit, Rolland vaut bien Morel.

Le pédagogisme de l'État est une conception si libérale, que la moitié gauche de la Nation veut avec elle assommer la moitié droite, et la moitié droite assommer la moitié gauche.

« Apprendre à ce grand pays ce qu'il doit VOULOIR, SA-
» VOIR ET FAIRE, disait un jour du haut de la tribune M. de
» Montalembert, c'a été la faute, messieurs, de tous les gou-
» vernements, leur faute et leur faiblesse. Ils sont tombés
» pour n'avoir pas compris que la France tôt ou tard protes-
» terait (1). »

Elle protestera, en effet, je l'espère, contre les Pédagogues à coups de Budget, contre les Pédagogues à coups de gendarmes, qu'ils soient bleus, blancs ou rouges, ou tricolores.

---

(1) *Moniteur,* 17 février 1849.

Cette plainte vigoureuse que je lis au *Phare de la Loire* (12 août 1869) ne sera pas toujours sans écho !

« Les voilà tous à attendre qu'on leur fourre dans le bec » soit la manne des séminaires, soit l'ambroisie de l'Univer- » sité. Tous sont désignés au bon plaisir du ministre. Pas » une âme énergiquement trempée qui s'avise de revendiquer » haut et ferme le droit que nous avons tous d'influer sur » l'avenir intellectuel de nos enfants. Partout des valets qui » attendent le caprice du maître. Nulle part des citoyens qui » dictent leurs volontés aux commis qu'ils paient. Quel » aplatissement des caractères ! Quelle atrophie du cœur ! »

Cela exposé, revenons à M. Jules Simon et à sa circulaire, et disons en passant un mot de la gratuité.

Ce mot, on le sait, est une plaisanterie. Et une mauvaise. Car rien n'est plus cher que ce qui est gratuit. Ce mot veut dire que l'argent du consommateur qui paierait l'instituteur, au lieu d'aller de la main à la main, passerait par celle d'un caissier, celui de l'État.

— Erreur, me répliquerez-vous peut-être, ce mot gratuité veut dire que les riches payeront pour les pauvres.

Mais je vous répliquerai moi-même, l'erreur est de votre côté. Car si les frais d'école sont soldés par le budget de l'Etat, par l'impôt actuel, cet impôt portant sur le *quantum nécessaire,* riches et pauvres étant, par suite, presque égaux de contributions, le premier ne déchargera pas l'autre ; et votre gratuité est alors un leurre.

Nous reformerons l'impôt ; nous imposerons le revenu, à moins que ce ne soit mieux d'imposer le capital.

Choisissez en effet. Mais quel que soit votre choix, revenu ou capital, je vous défie d'effectuer, là comme ailleurs, une réforme qui ne soit pas une mutation de surface, un remaniement stérile.

J'ajoute ceci :

Mais si vous arriviez à faire payer aux riches l'instruction du peuple, voilà donc l'aumône étendue au pain de l'intelligence. Ah ! ça, philanthropes, ne vous lasserez-vous point de nous traiter en mendiants ? Ce n'est pas assez de vos fourneaux alimentaires, il faut encore que vous meniez l'esprit français, comme un troupeau, à un abreuvoir de charité. Encore une fois, laissez au travailleur son produit, et que chaque consommateur, en fait d'enseignement comme en fait d'autre chose, paye son écot ; là est la justice et la dignité.

Il y a quelques autres paralogismes dans l'esprit, si supérieur du reste, de Monsieur le nouveau ministre.

En voici un, qui développé par lui avec l'éloquence qu'on lui connaît, enthousiasmerait comme de coutume la droite et la gauche, sans compter M. Schneider.

Un ouvrier intelligent exécute plus et mieux.

Ainsi fera la nation plus instruite.

Or, à frais égaux, une production plus grande et meilleure, équivaudrait à une baisse dans le prix de revient, et nous rendrait comme celle-ci maîtres du marché.

On pourrait donc supprimer le paupérisme par l'instruction.

Filtrons ce composé.

Un ouvrier intelligent exécute plus et mieux. Voilà du vrai.

Une production plus grande et meilleure équivaudrait à une baisse du prix de revient. Voilà encore du vrai. Mais c'est tout.

Voici le faux.

Intelligence et instruction, c'est la même chose. — Faux.

Sans écoles de l'Etat, pas d'instruction. — Faux.

Lire et écrire donne de l'intelligence. — Faux.

Si lire et écrire donnait de l'intelligence, il n'y a pas un bourgeois qui ne fut homme d'esprit. Or, dans la bourgeoisie on ne voit pas plus d'hommes intelligents, au fond, que dans le peuple. Et dans l'atelier, tel qui ne sait pas ses lettres est souvent un ouvrier hors ligne, et tel lauréat d'école primaire un *propre-à-rien*.

L'intelligence baisse dans la nation française; je le crois. Nos grans hommes sont moins grands et moins nombreux; je le crains. Mais les maîtres d'école ne peuvent rien à cela. L'œuvre des maîtres d'école est de cultiver l'intelligence et non de la relever.

L'intelligence baisse chez nous avec notre énergie physiologique.

Mens sana in corpore sano. Voilà le fait et sa cause.

Guerre.

Débauche.

Misère.

Attaquons ces trois fléaux si nous voulons que le type français se renforce, le type physique et intellectuel. Il faut économiser notre sang riche, il faut enrichir notre sang pauvre.

Et pour cela, moins de guerre; plus d'aisance et de moralité, et meilleur service médical.

Voilà comment l'Etat peut rendre une nation ouvrière plus intelligente et plus forte. Mais, je le répète, identifier l'intelligence et l'instruction n'est pas d'un philosophe. Au contraire, car c'est un sophisme.

Est-ce à dire que je nie l'utilité de l'instruction primaire! Ah! je défie sur ce point la calomnie. Mais je ne veux pas qu'on fasse à ce sujet le papelard; et qu'on s'exagère cette réforme puérile pour mieux enterrer la vraie.

Quant au raisonnement du Ministre, c'est un mélange de deux vérités contre trois erreurs.

Citons à présent quelques passages de la circulaire :

« Monsieur le Recteur,

» Si l'Etat doit l'instruction élémentaire à tous les citoyens, » il doit l'instruction supérieure à tous ceux qui sont capables » de la recevoir avec distinction. »

Qui signalerait ces capables? La bassesse solliciteuse, le népotisme protecteur, la camaraderie ou le compérage, comme toujours.

« C'est en vertu de ce double principe que nos premières » assemblées législatives, après avoir décrété l'établissement » d'écoles primaires pour les filles jusque dans le dernier » hameau de la République, décidèrent que des bourses » seraient données aux frais de l'Etat à tous les enfants sans » fortune qui auraient démontré, par leurs succès dans ces » écoles, leur aptitude à recevoir une instruction plus » étendue..... »

Nos premières assemblées législatives, au lieu de faire l'aumône avec l'impôt monarchique, auraient mieux fait de supprimer cet impôt; et au lieu de maintenir à leur Etat un rôle de Jupiter distributeur de bourses et de destinées, de le subordonner à la Société, comme un Domestique qui cire les bottines de sa maîtresse, monte le charbon de sa cave, la soigne si elle est malade, fait les commissions, balaye les vestibules et met les Prussiens à la porte.

Vraiment, il serait bon, ce domestique, s'il disait : Madame, donnez-moi votre bourse, je veux vous faire un cadeau, le cadeau d'un piano. Et puis votre bibliothèque est mal composée, j'ai à l'épurer. Pour votre livre de messe, il devient inutile, mon intention étant de faire de la chapelle un chenil.

Aussi plaisant est pourtant l'Etat serviteur, menaçant de morigéner la Société, de l'éduquer, de la gratifier, de l'émanciper, de la rendre cléricale ou libre-penseuse, à son gré.

Le publiciste allemand Charles Vogt, dans une lettre à un confrère d'Anvers, vient de s'exprimer comme il suit sur le compte de la Prusse :

« Moi aussi, j'aime l'Allemagne. Mais cette race bâtarde » de Slaves et de Germains scandinaves qui domine aujour- » d'hui l'Allemagne sous le nom de Prusse, n'a jamais connu » et ne connaîtra jamais ni la liberté ni la justice. Rampante » devant les maîtres, insolente envers les subordonnés, elle » est à la fois *bulldog* et *mouton*, incapable de comprendre » autre chose que la liberté absolue de l'État. L'État est tout, » le reste n'est rien !

Fonctionnaire en France et Prussien en Allemagne serait-ce synonyme?

Revenons aux bourses et aux tristes aveux que le ministre est obligé de faire à leur égard.

« Plus tard l'institution des bourses a été détournée de » son but, l'administration s'est arrogé le droit de les distri- » buer à son gré ; et elles sont devenues entre ses mains un » moyen de récompenser ou d'activer le zèle des fonction- » naires, et quelquefois même de reconnaître des services » électoraux. »

Allons, dites le mot, et vous le dites, vos bourses sont devenues monnaie électorale. — N'ajoutez pas qu'elles ne le seront plus entre vos mains, c'est bien convenu. C'est-à-dire que vous garderez l'instrument, et que vous ne jouerez pas le même air. — Pardon, M. le Ministre, vous le jouerez; l'air tient à l'orgue-de-Barbarie; et le changement de main ou de manivelle n'en corrigera point la fausseté.

Faut-il juger de M. Simon comme ministre réformateur, par ses programmes et par sa circulaire? S'il le faut, c'est fait.

Conclusion : Le pédagogisme de l'Etat est une idée routinière et rétrograde, aussi efficace que le philanthropisme et le constitutionnalisme.

Loin d'aider à l'aisance et à la liberté, ce pédagogisme ne serait, à l'avenir comme dans le passé, de ces deux choses, que la négation et l'obstacle.

Le père de famille doit présider pour son enfant au choix de l'école primaire, et ne payer que celle dont il use. Ceci est de toute justice pour l'Enseignement comme pour le Culte.

A défaut des Parents, morts ou indignes, le choix de l'école revient au Conseil-de-famille. La surveillance au Conseil communal.

Cette question sera reprise, IIe partie.

XV

Il est donc entendu que :

Ni Monarchie quelconque avec son parasitisme aristocratique, son régime capitaliste et sa charité palliative ;

Ni République formaliste avec ses remaniages constitutionnels, sa philanthropie administrative, et son pédagogisme de l'Etat;

Ne peuvent réaliser, à dose suffisante, en France, la richesse et la liberté.

J'en donne ici la preuve de raisonnement. Mais la preuve de fait résulte de nos quatre-vingts ans d'essais malheureux et de méprises.

Il est entendu qu'il faut, pour conquérir ce double résultat, aisance et liberté, une réforme constituant l'Etat moderne tout autrement que l'Etat antique, le constituant d'une façon rationelle et scientifique.

En effet, cette constitution élimine l'Etat de la sphère des fonctions magistrales, et le confine dans l'exécution unique mais totale des services onéreux et lucratifs de l'ordre économico-politique.

Cette élimination laisse la société en général, et chaque citoyen en particulier, en possession entière, en plein exercice de sa souveraineté.

Et cet internement dans l'exécution unique mais totale des services économico-politiques, abaisse le prix de revient de ceux-ci et, par répercussion, le prix de revient de la production agricole et manufacturière tout entière. Ce qui nous permet au dedans de nos frontières et au dehors de sous-vendre l'Europe.

Notre production économique par suite, chroniquement arrêtée au maximum de quinze milliards, pourrait être plus que doublée et monter à trente-six.

Ce chiffre 36 est obtenu dans la partie la plus favorisée des Etats-Unis, dans la nouvelle Angleterre; nous l'avons vu, chap. I. Il n'a donc rien de chimérique.

Ce chiffre non-seulement n'est pas impossible, mais tous les jours une entreprise industrielle bien conduite nous le montre réalisé. Tous les jours 120 de capital (chiffre des milliards nationaux), exploités par 38 de force (chiffre de notre population), donnent lieu aux dividendes suivants :

120 à 5 p. %....................	6
Direction..........................	6
Produit net.......................	6
Salaires ouvriers..................	18
Total.........	36

Et cela en industrie courante.

Ouvrons ici, pour répondre à l'impatience présumée du lecteur, ouvrons une parenthèse, sur la question des salaires, sur la question qu'on formule encore ainsi :

Rapports du travail et du capital.

Et lisons avec attention la citation suivante :

« Il est démontré que dans le prix vénal des marchandises

» la part du travail manuel et salarié est actuellement de » 30 pour 100 en moyenne.

» La part du capital, de la spéculation, et de la direction » intellectuelle réunie, s'élève à 70 pour 100

» Une augmentation de 10 pour 100 sur le contingent du » prolétariat (savoir 33 au lieu de 30), correspondrait donc » seulement à 3 pour 100 sur le prix total des marchan- » dises.

» Mais le déplacement de 3 pour 100 opéré aux préjudices » des classes directrices, perte fort suppportable, fût-elle ef- » fective, ne serait en réalité qu'apparente.

» Exemple :

» Dans les conditions actuelles, mille mètres de draps, » vendus 20 francs le mètre, donnent aux capitalistes di- » vers, vendeurs et revendeurs, à raison de 70 pour 100 leur » part, une somme de 14,000 francs.

» Supposons que ces mêmes agents, au lieu de gagner 70 » pour 100, ne retirent plus que 67, mais qu'au lieu de vendre » 1,000 mètres de drap, ils en vendent 45 de plus, c'est-à- » dire 1,045 mètres. Ils réaliseront également la somme de » 14,000 francs.

» Généralisez cet exemple, et vous arriverez à ce merveil- » leux résultat, que :

» Si la production nationale était accrue seulement de 4 » 1/2 pour 100, tous les salaires pourraient être augmentés » de 10 pour 100, sans que le contingent actuel des classes » directrices fût réduit (1). »

Si la production nationale, étant accrue de 4 1/2 pour 100,

(1) *National*, André Cochut, 8 juin 1857.

les salaires devaient s'accroître de 10 pour 100, ils tripleraient, si la production nationale était doublée. — Ce qui est le cas de la Réforme. — Tel manœuvre à 2 fr., en aurait 6, et tel salarié à 4, en aurait 12.

La masse du travail manuel trouverait donc un prix largement rémunérateur. Les classes ouvrières doivent alors s'attacher à comprendre la Réforme, et à la propager, si sa vérité est susceptible d'une démonstration irréfragable.

Mais voici une objection.

La loi ci-dessus, la loi d'André Cochut, n'est vraie qu'à une condition :

C'est que les agents directeurs, au lieu de gagner, ce que le mouvement des choses leur attribue aujourd'hui, 70 pour 100, veuillent bien se contenter de 67.

On dit bien qu'ils se récupèreront de ce sacrifice par le progrès de la production ; mais s'ils ne veulent rien sacrifier ; s'ils veulent retenir pour eux seuls tout le bénéfice du redoublement de production créé par la Réforme, les salaires garderont leur niveau actuel.

C'est ce qu'on voit chez certains usiniers. Ceux-ci maintiennent à son taux habituel la paie hebdomadaire de leurs ouvriers, quoique certains pour eux-mêmes d'un bénéfice net de plusieurs 100,000 francs par an, grâce à un hasard de fortune, à un concours exceptionnel de circonstances heureuses, qu'ils ont su amener, disent-ils à bon droit, duquel il serait juste néanmoins que bénéficiassent, pour si peu que ce fût, les prolétaires qui les aident de leurs bras ; mais zut ! Hausse de la production, hausse des bénéfices, *statu quo* des salaires.

Ce scandale est fréquent. Il est, si je puis dire, normal. C'est un effet de l'égoïsme humain. N'en pourrait-il survenir tout autant au sein de la production nationale?

L'Angleterre ne nous a-t-elle pas vingt fois offert même spectacle de cupidité de la part de ses classes directrices? Rentes et bénéfices ont eu beau s'y élever à certaines recrudescences de la production, les bras, grâce à leur concurrence, restaient à vil prix.

Voilà l'objection.

Je l'estime sérieuse, mais la Réforme y a pourvu. On empêcherait la concurrence des bras de produire son effet dépressif du salaire, on l'empêcherait, à un notable degré, de la façon suivante et par la combinaison que voici :

1° Les régies de l'Etat resteraient partout présentes et toujours ouvertes pour un effectif de 500 mille ouvriers, au minimum, et pour bien davantage à certains moments.

2° Le Corps législatif, devenu Conseil national, fixerait, par ses votes motivés et délibérés, le salaire minimum de la main-d'œuvre dans ces vastes et nombreuses régies, qui serviraient de déversoir, en cas d'engorgement, à l'excès de main-d'œuvre s'offrant en trop à l'industrie privée et s'y portant sans appel.

3° Par suite l'Autorité politique, sans troubler la liberté des transactions privées, et en s'abstenant toujours de toute intrusion directe sur le *dominium civile,* ne laisserait pas, par le contre-coup de son action légitime sur son propre terrain, que d'appuyer le faible dans ses droits et de pousser le fort vers la pratique de la Justice. Le salaire minimum des ouvriers de l'Etat fixé servirait de régulateur aux ouvriers du dehors.

4° Enfin, et de cette façon, LE DROIT AU TRAVAIL, dans ce que ce droit a de sérieusement légitime et rationnel, c'est-à-dire le droit de vivre quand on accepte le devoir de travailler ; ce droit là, ainsi limité et défini, ainsi dépouillé de tout caractère communiste, serait pratiquement reconnu, et deviendrait, de menace sombre et orageuse qu'il est, une institution de paix et de concorde.

Garantie contre l'absence de travail et le chômage involontaire ;

Frein à l'avilissement forcé des bras ;

Vis a tergo poussant les forts à l'égard des faibles dans les voies de la justice distributive ;

Voilà comment la Réforme, qui pour le problème du travail et du capital est en elle-même une première et grande solution, voilà, dis-je, comment elle fournirait un supplément d'efficacité.

Ce problème du travail et du capital, cette question du salariat, est-il possible de lui trouver quelque autre solution ?

Je ne le pense pas, à moins qu'on ne songe à sortir des limites de l'équité et à violer le droit par une expropriation générale.

Mais à qui ne nuiraient pas ces aspirations de guerre civile ?

Nous ne sommes plus au temps des Jacqueries en France.

Ou plutôt ces jacqueries sont possibles, mais pour la propriété et non pas contre.

La propriété individuelle n'est pas, en effet, à supprimer. Elle n'est qu'à étendre.

Elle est d'ailleurs invincible.

Et ne fût-elle pas invincible, on pourrait se contenter de répondre à ses ennemis ce mot d'un ancien :

« Vous me dites votre mesure bienfaisante, seulement non
» conforme au droit ; cela me suffit, du moment qu'ils
» ne sont pas justes, ses bienfaits sont mensonges. En tout
» cas, je n'en veux pas à ce prix. »

Les bienfaits, par voie d'iniquité et de spoliation, sont en effet mensonges.

Avec du travail à discrétion, et du travail bien payé, tout le monde peut se faire un capital.

Qu'il faille encore qu'on joigne à cela beaucoup d'activité, beaucoup de sobriété, beaucoup d'ordre ?

Mais je l'espère bien.

Ah ! je maudirais ma Réforme, si elle était de nature à promettre l'aisance au paresseux et au dépensier, à l'ouvrier noceur, au travailleur ivrogne, au déclassé fainéant.

L'ivrogne ! puisse-t-il un jour, sur tout le territoire de la République, être déclaré embarras de voirie, et conduit, comme tel, cuver son vin au parc à fumier dans un tombereau de répurgation ! Qu'il se soûle à domicile, il n'abuse que de sa liberté ; mais il diminue la mienne par ses chants bachiques ou obscènes ; et ses prostrations sur la voie publique sont à la fois honte et cause d'accidents.

Revenons aux salaires.

Dira-t-on que la subordination excessive qui résulte du salaire, est en contradiction avec nos principes d'égalité sociale, et que ces principes réclament la suppression du salariat.

Vanité, utopie et chimère.

Dans l'ordre social où nous entrons, si déjà nous n'y sommes, citoyen et travailleur c'est synonyme ; travailleur et salarié aussi. C'est de l'universaliser, le salariat, comme la propriété, et non pas de le supprimer qu'il s'agit. Croire que le salariat est le caractère exclusif de la main-d'œuvre et qu'il n'est pas honorable est une stupidité.

Que le travail ne fasse défaut nulle part, et qu'il soit partout rémunérateur, partout alors il sera digne. Il n'y aura de honte qu'à vivre improductif; et chacun, salarié à sa manière comme c'est déjà fait, se fera de son salaire non une humiliation, mais une gloire. Quant au fainéant, en outre de la flétrissure, la Réforme lui promet un autre châtiment pour lui ou pour les siens, celui de la misère, s'en rapportant à lui-même pour qu'il se l'inflige.

Closons la parenthèse.

Réduction des frais généraux.

Tout est donc là.

Et réduction, comment? Par une meilleure coordination donnée aux éléments générateurs de la richesse; par une rectification de jeu apportée dans les grandes pièces constituant la puissance productive de la nation. En un mot, par économie et concentration de force.

XVI

Puissance productive de la nation.

Je désire que le lecteur se fasse de ce mot et de la chose qu'il exprime, une idée parfaitement nette. Je le désire, et j'en ai besoin ; en conséquence, arrêtons-y notre attention, et ne craignons pas, pour atteindre plus vite notre but, de partir de très-loin.

« Donnez-moi de la matière et du mouvement et je vous » ferai le monde, » avait dit Descartes.....

Matière et mouvement; ce ne sont plus là, pour la science contemporaine, deux choses aussi distinctes et aussi opposées que du temps de Descartes. Matière et mouvement se font aujourd'hui moins antithèse que pléonasme.

Chaleur, lumière, électricité, pesanteur, action musculaire, sont autant de forces ou de groupes de phénomènes, dont la diversité apparente peut être ramenée à l'unité. Et au fond, ce n'est, tout cela, que mouvement mécanique. Tous les phénomènes qui résultent de ces forces et se transforment aujourd'hui les uns dans les autres dans nos laboratoires d'expérience, ne dépassent donc pas la formule et la prétention de Descartes (1).

---

(1) M. Taine redit la même chose plus littérairement.

« Autant que nous pouvons en juger, et d'après des découvertes » récentes, tous les changements d'un corps, physiques, chimiques ou

Mais il n'y a pas que ces phénomènes dans le Monde. Il y a en plus la Vie, la Sensibilité et la Pensée ; et je ne sache pas qu'avec du mouvement mécanique on puisse, je ne dis pas faire, mais concevoir faites la *vie* enveloppée dans une graine, la *sensibilité* enveloppée dans un œuf, la *pensée* enveloppée dans un cerveau.

Nos philosophes mécaniciens l'espèrent, comme l'ont fait leurs devanciers. Ils ne doutent même pas du succès ; très-bien ! c'est peut-être à dire qu'ils ne s'en doutent pas.

» vitaux, se ramènent à des mouvements de ses molécules. Pareille-
» ment, la chaleur, la lumière, les affinités chimiques, l'électricité,
» peut-être la gravitation elle-même, toutes les forces qui provoquent
» ces changements et provoquent le mouvement lui-même, se réduisent
» à des mouvements. D'où il suit que, dans la nature visible, il n'y a
» que des corps en mouvement, moteurs ou mobiles, tour à tour
» moteurs ou mobiles ; moteurs, quand leur mouvement préalable est la
» condition du mouvement d'un autre ; mobiles, quand leur mouve-
» ment consécutif est l'effet du mouvement d'un autre : ce qui réduit
» tout changement corporel au passage de telle quantité de mouve-
» ment, transportée du moteur dans le mobile, opération qui, comme
» on s'en est assuré, a lieu sans gain ni perte, en sorte qu'à la fin du
» circuit la dépense est couverte exactement par la recette, et que la
» force finale se retrouve égale à la force initiale. »

Connaissance des choses générales, liv. IV.

Et ailleurs.

« Il n'y a rien de réel dans la nature, sauf des trames d'événements
» liés entre eux et à d'autres ; il n'y a rien de plus en nous-mêmes ni
» en autre chose. »

Mais, Monsieur, vous admettez ci-dessus des moteurs et des mobiles. Pourquoi cette dualité ? S'il n'y a que des mouvements sans cause, tout est mu, et rien n'est moteur. Et s'il y a des causes, pourquoi dites-vous qu'il n'y a que des mouvements ? Pour rendre pittoresques les idées matérialistes, on n'est pas pour cela un penseur, et un Condillac badigeonné n'est jamais qu'un Condillac.

Rien sous le voile phénoménal ! tous les êtres escamotés ! en voilà une philosophie !

Avec une outrecuidance plus erronée encore que celle de Descartes, je m'étais dit : Donnez-moi de la matière et du mouvement, et je vous ferai de la richesse. Je vous en ferai à discrétion.

Car la richesse n'est que du mouvement solidifié.

En effet, dès 1771, le comte Verri, italien, écrivait : « Réunir et séparer sont les seuls élements que l'esprit humain » retrouve en analysant l'idée de production (1). »

« Ce qui se passe, disait un autre, par rapport à la pro- » duction de la richesse ou valeur, alors que la terre, l'air » et l'eau répandus dans les plaines se transforment en » grains, est la même chose que ce qui a lieu lorsque la » main de l'homme transforme en velours la matière gluti- » neuse d'un insecte (ver à soie), ou que quelques petits » morceaux de métal sont ajustés pour former une montre à » répétition (2). »

Autre exemple :

200 francs de coton entrent par une porte dans une filature, et en sortent, par la porte opposée, valant 350.

D'où provient cette plus-value, cette nouvelle richesse de 150 francs? De ce que de balle en poil, la masse de coton est devenue pièce d'indienne ou de calicot. Mais pour cette transformation, qu'a-t-elle absorbé? du mouvement et rien que du mouvement.

Le coton a été battu, peigné, lavé, cardé, roulé, filé, tissé, teinturé, gommé, imprimé, plié; c'est-à-dire que la filière d'engins émus par laquelle il a passé, lui a incorporé son mouvement et rien autre chose. Cette valeur en surcroît de

(1) *Économistes et Financiers.* — E. Daire.

(2) Mac Culloch, *Méditations,* IIe.

150 francs n'est donc que du mouvement condensé, matérialisé, fixé.

En disant cela, suis-je exact ? Oui.

Très-bien.

Allons alors plus loin.

Mais le coton brut qui, à la récolte, s'est trouvé tel, n'était à l'origine qu'une ou plusieurs semences confiées au sol. Il ne s'est passé dans le champ américain autre chose que dans la filature européenne.

A l'intérieur de la graine vivante, prise pour centre d'attraction, sont survenues, par millions, des molécules du milieu ambiant. Elles se sont insinuées, ajoutées, assimilées à la graine. Le tout est devenu tissu rudimentaire, qui s'est transformé, par la continuité du tourbillon nutritif, en tissu arborescent, et çà et là, par la même cause, en duvet floconneux, en houppes soyeuses. Le champ, au fond, n'étant qu'une fabrique où s'agite une variété de force motrice, une force vivante, et les produits agricoles n'étant, comme les manufacturés, que l'effet d'une quantité de mouvement fixé, condensé, que du mouvement solidifié.

Ceci n'est plus aussi saisissant de clarté, n'étant plus aussi vrai. Expliquons la différence.

Il ne faut que de la matière brute et du mouvement mécanique pour créer la richesse manufacturée ; mais il faut, pour créer de la richesse agricole, de la matière *vivante* et *animée*, c'est une différence.

De plus, cette matière vivante et animée tend incessamment à cesser d'être telle, et à redevenir brute ; voilà une autre différence, et c'est la grande.

Cette tendance de la force vitale à s'éteindre, à redevenir brute, limite et gêne étrangement le pouvoir de l'homme comme créateur de richesse.

Exemple : Une gelée..... et voilà dans le champ où se fabrique le raisin, voilà, frappé d'arrêt, tout le mouvement vinifère que le vigneron avait mis en train.

Dans la manufacture, à pareil accident, on répond en rectifiant la machine.

Dans l'agriculture, c'est la machine astronomique qu'il faudrait rectifier ; et qui en a le pouvoir, le secret et la clef ?

Autre exemple : Un poison épizootique..... et voilà même enchaînement des phénomènes créateurs, aux yeux du berger impuissant, dans la multiplication de son troupeau.

Que du mouvement à discrétion résulte de la richesse à discrétion est, par conséquent, une conclusion excessive et inexacte.

Richesse manufacturée? oui.

Richesse agricole? non.

Pour la richesse agricole, il nous faut, en plus de notre force motrice mécanique, des forces vitales animées que nous ne pouvons maintenir en train qu'avec le concours des saisons et l'absence des fléaux ; qu'avec ce que la Religion appelle la bienveillance du ciel.

En tout cas, notre pouvoir créateur et directeur n'est pas sans bornes ici. Il s'en faut. Et l'économiste, parlant comme Descartes, serait bien plus outrecuidant que lui.

Pour le but où je tends, je ferai encore une remarque.

La force motrice est immense, je l'ai dit et je l'ai chiffrée.

Les anciens ne disposaient guère que de leur musculature et de celle des animaux. Nous avons, nous, en plus de cette force musculaire, une grande puissance mécanique. Nous l'empruntons à la pesanteur et à la chaleur. Ce n'est que de la pesanteur ou de la chaleur disciplinée. Cette force a sa source intarissable dans la matière universelle. Infinie d'énergie et de durée, et bientôt de bon marché, elle est inépuisable de renouvellement.

La question était d'abord de la découvrir; et ensuite, en l'attelant comme moteur à des appareils appropriés, de l'amener dans nos ateliers comme un serviteur aussi souple que formidable. La chose est faite pour l'atelier manufacturier; la chose va se faire pour l'atelier agricole.

Que l'agriculture française soit dégrevée de l'impôt, de l'impôt direct et indirect qui, par ses coups et ses contrecoups, la tue; qu'elle devienne, le vieil impôt aboli, une industrie qui rende, non plus 3 %, mais 6 et 10 % net; et les capitaux, qui s'y porteront en masse, y importeront avec eux, au moyen de l'association dans tous ses modes et dans toutes ses dimensions, le grand outillage.

Sans être illimitée ici d'énergie, ni exempte de causes qui l'arrêtent ou la découragent, notre force productive pourrait donc engendrer, infiniment plus qu'elle ne le fait aujourd'hui, de richesses agricoles, de denrées alimentaires.

Notre agriculture peut recevoir de vastes déploiements d'ici qu'elle n'atteigne ses limites en surface; mais une fois là, une fois tout notre territoire arable en valeur, notre agriculture s'étend sans bornes dans une dimension qui n'en a pas, c'est-à-dire en perfection. Elle donne scientifiquement au règne végétal et au règne animal, quant aux espèces bienfaisantes, tout l'élan de leur fécondité presqu'infinie (voir IIe partie).

C'est donc certain. Pour être plus restreinte que dans l'ordre manufacturé, pour se compliquer d'éléments autres que la force simplement mécanique, et être due à des forces vivantes et animées, notre production agricole n'en bénéficie pas moins énormément de cette force mécanique agrandie.

Seulement, notre appareil producteur n'est pas monté à

toute sa puissance ; et la faible puissance qu'il a, il en perd la moitié.

Ce gaspillage est le malheur et le crime du temps.

Car cette force, si grande qu'elle soit, n'est pas cependant à discrétion! et à si bon marché qu'on la crée, elle nous coûte encore cher. Il suit de ce dernier fait que son emploi à faux ou à vide, n'est pas seulement une diminution de produits, mais surtout une déperdition de capital. De là, ce mot de Liebig, très-juste et aussi très-simple : « Le progrès, c'est » économiser la force. » Le journaliste qui cite ce mot (*la Presse,* 7 janvier 1865) ajoute avec raison : « Définition dont » la profonde justesse vous frappe de plus en plus à mesure » qu'on en médite l'énergique concision. » Mais Destut de Tracy avait devancé Liebig. « Tout le bien des sociétés hu- » maines, dit Destut de Tracy, est dans la bonne applica- » tion du travail, tout le mal dans sa déperdition (1). »

Comment donc économiser la force?

Comment chasser ce désordre qui paralyse notre puissance productive? c'est ce que nous allons voir dans le paragraphe suivant.

---

(1) J. Garnier, p. 17.

XVII

Puissance productive. Suite.

En 1830, l'école Saint-Simonienne, résumant les données analytiques des observateurs précédents, les utilisant dans une formule qu'elle donna pour une découverte, provoqua presque l'admiration en disant :

Capital,

Talent,

Travail.

Voilà tout ce qu'on trouve au fond de la *puissance productive* des nations, et tout ce qui en synthétise les innombrables éléments. Capitaux, outils, machines, meubles et immeubles, fonds et tréfonds, édifices et superfices, méthodes et procédés, science et traditions, monnaie et crédit, force d'esprit et force de bras, tout ce qui concourt directement ou indirectement, de près ou de loin, peu ou beaucoup, d'une façon abstraite ou concrète, à la création des richesses, tout cela est compris dans ces trois mots substantiels : Capital, talent, travail. Et rien n'est en dehors.

Ευρηκή. Gloire au Père! C'est nous qui avons fait la trouvaille.

Et la joie saint-simonienne durait encore quinze ans après.

Mais Proudhon arrive et il y coupe court, Proudhon le rabat-joie.

Synthèse ou analyse, dit-il, la découverte est nulle. Est-ce que tout travail humain n'est pas mêlé de talent? et tout talent mêlé de travail? Donc, talent et travail sont un seul et même terme; et votre série, au lieu de trois éléments, n'en a que deux, et pas même. Elle est fausse, elle n'existe pas. Citons textuellement :

« Au point de vue métaphysique, le parallélisme qu'on » prétend établir entre le capital, le travail, le talent, comme » principes de production essentiels et au même degré est » une fausse série. A. Smith en avait fait la remarque. Pour » que trois termes donnés forment une série simple, il faut » que ces termes soient distincts, indépendants, égaux sous » le point de vue qui les rassemble. Or, dans cette série » Saint-Simonienne tant vantée, le premier terme est une » modalité et le troisième une qualité du second... En effet, » le capital (*solidum*) est du travail solidifié. Le talent est » du travail considéré dans son plus ou moins de perfection. » *A priori*, antérieurement à l'expérience, la division des » éléments de production en capital, talent, travail, est mau» vaise, anti-sérielle, et ne peut qu'entraîner dans la pra» tique des événements funestes. » *De l'ordre dans l'humanité*, 294.

La triade Saint-Simonienne ne s'en est pas relevée. On la laisse à présent tranquille où on l'avait prise, dans la pratique journalière des affaires vulgaires.

Un entrepreneur monte une fabrique, il en a le *talent*. — Il sollicite des actionnaires qui fournissent le *capital*, et il rassemble des ouvriers qui représentent le *travail*. — Ce n'est pas plus malin que cela. Et ce n'était pas difficile à observer. Mais l'observation vaut ce qu'elle coûte. Elle ne mène à rien. Et sa transcendance scientifique est un leurre.

J'ose cependant déclarer à mon tour que l'immense multiplicité des agents créateurs de richesse se réduit à trois grands facteurs, et s'y condense. Mais ces trois grands éléments générateurs quels sont-ils? Ils ne sont pas ceux-là; ils sont ceux-ci :

Capital.

Force.

Méthode.

Capital concret ou abstrait.

Force intellectuelle et physique.

Méthode inverse et appropriée.

Voilà mes trois éléments générateurs de richesse. Mais qu'en faire? de quelles combinaisons leur simple trinité est-elle susceptible? d'aucune. Contemplons-les, un à un, dans leur exactitude. Mettons le premier à la troisième place, le second à la première, le premier à la seconde. Contemplation et permutation aussi vaines l'une que l'autre. Le *quod erat demonstrandum* n'aura pas fait un pas. Le problème restera le secret du sphynx, le problème à résoudre. Le problème de l'organisation du travail, car ce n'est de rien moins qu'il s'agit ici.

ORGANISATION DU TRAVAIL.

Jeunes gens de 20 à 25 ans, vous n'avez connaissance que par lectures ou ouis-dire du tableau qu'offrirent les premiers jours de février 1848.

Alors cette formule, organisation du travail, passionnait les esprits. Elle flottait, *labarum* d'espérance, sur les foules d'abord bienveillantes. Puis, tout-à-coup, les drapeaux qui la portaient largement écrite sur leur tissu, tombèrent baignés de sang, sous le soleil de juin, dans une des plus vives convulsions que l'ordre social Français ait eu à subir.

Eh bien, c'est ce problème qui réapparaît ici. Je le reprends des mains de Louis Blanc, qui en a eu l'initiative, pour sa gloire à la fois et pour son malheur. Je le reprends maudit par tous les réacteurs, nié et déclaré chimère par tous les économistes officiels ; et sans rien changer à sa formule, si ce n'est que j'en amplifie, si je puis dire, l'ampleur.

Je le déclare soluble, immédiatement soluble ; et sa solution le remède économique à tous les maux de même nom.

En conséquence, je ne laisse point ma trinité analytique nichée quelque part dans un solitaire respect, comme une statue propre au culte. Je la resoumets à l'analyse. J'en dédouble chacun de ses trois éléments. Je vois et fais voir que dans les trois grands premiers facteurs de Richesse, il y a deux moitiés distinctes et antagonistes, comme dans l'ancienne électricité deux fluides contraires qui se complétaient en se repoussant.

Et de ce dédoublement qui n'est presque rien, et qui surtout n'a rien d'inattendu pour le lecteur, car tout le long de mon travail j'en ai parsemé et fait pressentir les indications, je me prévaux néanmoins avec quelque orgueil. Oui, je m'en prévaux comme d'une découverte.....

Mais peu importe ; découverte ou non, titre d'honneur ou non, voici ce dédoublement :

Capital à exploiter.	I. Circonscription 1/10e.	*dominium commune*	*ager* public.	propriété collective.
	II. Circonscription 9/10es.	*dominium civile.*	*ager* privé.	propriétés domestiques ou patrimoines.

Puissance laborieuse.	I. Force fonctionnaire 1/10e.	dynamisme concentré	groupe unitaire, Etat.	*aymen.*
	II. Force indépendante 9/10es.	dynamisme disséminé	groupes pluralitaires, Nation.	*turba.*
Mode d'exploitation.	I. Méthode omnifusion 1/10e.	association intégrale et forcée.	coopération.	
	II. Méthode antifusion 9/10es.	associations partielles et volontaires.	concurrence.	

Voilà ce dédoublement; voilà de la puissance productive, chez toutes les nations, les six éléments essentiels et fondamentaux. Ils ne sont point imaginaires, pàs plus qu'imaginés. L'histoire les montre en germes au berceau des nations. Le progrès économique et la pratique des affaires en imposent à l'observateur la notion confuse; et la science les démontre avant que la langue ait eu le temps de leur façonner à tous des noms usuels et familiers.

Voilà, dis-je, nos six éléments. Mais l'analyse ne les a pas plutôt étalés sous nos yeux, que l'esprit de synthèse voulant les ressaisir, découvre tout aussitôt un singulier effet de leur nature. C'est qu'en vertu d'une affinité contraire, en raison d'une attraction croisée, trois d'entr'eux se repoussent, et les trois autres s'appellent; trois sont amis, trois sont ennemis. Si bien que nos six éléments, se regroupant en deux puissantes unités trinaires comme suit, nous avons :

1er GROUPE.	2e GROUPE.
Capital indivis.	Capital approprié.
Force d'unité.	Force de diversité.
Coopération.	Concurrence.

Unités trinaires, qui faisant pour ainsi dire l'une vis-à-vis de l'autre l'office d'un couple sexuel, concordant et sympathique, impriment à leur union une mutuelle et indéfinie fécondité.

Voilà l'ORGANISATION DU TRAVAIL.

Telle est la solution du redoutable problème.

Solution à la fois simple et profonde qui ressort des principes de la Réforme.

Pax et justitia osculatæ sunt. (Tableau du Primatice.)

Embrassez-vous donc aussi, partisans des thèses et des antithèses exclusives, dans la dissipation de vos malentendus. Qu'on ne crie plus vive la concurrence et à bas la concurrence ; vive l'association et la coopération, et à bas le fusionnement et le monopole; vive le libre-échange et vivent les tarifs rémunérateurs.

Erreurs et vérités partielles. La présente synthèse vous absout et vous condamne ; elle fait plus, elle vous purifie et vous absorbe.

Elle réalise l'ordre, car au mélange et à l'amalgame de tous les éléments disparates, elle substitue une mise en place, une ordination choisie.

Elle réalise la liberté. Car qu'est-ce que la liberté dans l'hémisphère économique ?

Nous avons vu que dans l'hémisphère supérieur, la liberté c'est la réciprocité du respect.

Dans l'hémisphère économique, la liberté c'est la réciprocité de l'avantage. Oui, voilà la liberté industrielle.

Qu'acheteur trouve son bon, et vendeur aussi..... liberté.

Que patron serve une bonne paye, et salarié un bon travail..... liberté.

Que producteur et consommateur ne soient entr'eux ni rançonnés ni rançonnants..... liberté.

En un mot, réciprocité d'avantages : voilà la liberté économique.

Dire que la concurrence est la face industrielle de la liberté! c'est prendre un jeton pour une médaille.

Dire que la liberté et la centralisation sont antipodes, c'est également se tromper.

Arrêtons-nous un peu à cette question de la

CENTRALISATION.

Centralisons pour être forts, ont dit les uns.

Décentralisons pour être libres, ont dit les autres.

La Réforme dit :

Soyons libres, soyons forts et soyons centralisés.

La question ici est encore une question de lieu. Une question *ubi,* une question *quo.*

Si vous maintenez ou imposez la centralisation dans l'ordre spirituel..... théocratie (1).

Si vous maintenez ou imposez la centralisation dans l'ordre intellectuel..... hébêtement.

Si vous maintenez ou imposez la centralisation à tort et à

---

(1) Il y a eu, dans le passé, de grands peuples et de grandes civilisations par la théocratie. Et je ne commets pas la niaiserie de mépriser ou de haïr en soi la théocratie. J'en nierais et j'en repousserais aujourd'hui les vains essais, les aspirations rétrogrades et chimériques. Mais s'il plaisait un jour à l'esprit humain de se réenclore à nouveau dans une vaste et puissante théodicée, qui l'en empêcherait?

travers dans l'hémisphère économique.... communisme plus ou moins mitigé.

Si vous centralisez seulement l'ensemble homogène des services économico politiques, soit lucratifs, soit onéreux..... ordre, richesse et liberté.

Il y a vingt ans, Kossuth, le grand patriote hongrois, répondait ceci à l'adresse de nos classes ouvrières :

« La nation française est assez grande pour que les batte-
» ments de son cœur aient toujours été sentis sur la ma-
» jeure partie du continent.

» Jusqu'ici, il est vrai que l'attente des nations opprimées
» de l'Europe et leur espoir dans la France n'ont jamais été
» réalisés. Mais il faut avoir présent à la pensée que le peu-
» ple français n'a pas encore pu réaliser lui-même ses espé-
» rances intérieures.

» J'attribue cette calamité à la malheureuse propension
» que la nation française, durant toutes ses épreuves, a con-
» servée vers la *centralisation. Centralisation qui conclut tou-*
» *jours à l'oppression de la liberté,* centralisation sous l'em-
» pire de laquelle les garanties de la liberté reposent plus
» sur les personnes que sur les principes (1). »

Qui ne sent que ces reproches, si douloureusement légitimes, ma Réforme les prévient radicalement, les prévient ou les dissipe en assurant et solidifiant la liberté.

Qui ne sent aussi la part d'adhésion qu'elle accorde aux partisans du concours de l'État, aux partisans de son intervention (M. Dupont-White), la part vaste, mais circonscrite, rationnelle et technique?

---

(1) *National,* 5 novembre 1851.

Centralisons pour être forts?

Décentralisons pour être libres?

Non.

Soyons libres, forts et centralisés.

L'ensemble des services de l'Etat, par leur connexion, leur entrecroisement, leur universalité autour de la nation, à travers sa masse et à sa base, formeraient, si je puis dire, un lien, un filet et un radier, qui empêcheraient son unité et son indivisibilité de se dissoudre et de couler dans le vide.

PAX ET JUSTITIA OSCULATÆ SUNT, encore une fois.

Mais toutefois, pas d'illusions, et n'exagérons pas l'espérance.

La moyenne de la vie humaine, chez les peuples les plus libres et les plus riches, n'est pas de trente-cinq ans.

Et quel inévitable accompagnement de souffrances physiques et morales!

Avec une existence si précaire et si douloureuse, l'allongeât-on de quelque peu, ce ne serait pas la peine d'avoir sur la terre le *parfait bonheur* économique.

Ce ne serait pas le bonheur.

Mais ne craignons rien. Même avec cette durée éphémère pour correctif, il ne nous est donné, par aucune réforme, de pouvoir atteindre cette perfection économique.

Les Eldorados saint-simoniens et les Édens fourriéristes n'ont dupé que quelques imaginations. Et encore combien la duperie a-t-elle peu duré!

L'extinction du paupérisme peut être entière. L'extinction de la pauvreté ne sera jamais que relative.

En conséquence, n'abdiquons point la vie spirituelle sans laquelle l'homme et la bête ne seraient plus deux; sans laquelle aussi la vie sociale serait si déflorée et si plate.

Liberté aux athées! aux athéistes savants et aux athéistes sots. L'esprit humain a été créé libre.

Mais liberté aussi à nous, citoyens d'une autre race, « qui ne voulons pas donner congé à l'idée religieuse représentée par le christianisme (1). »

M. A. Vacherot n'est pas un dévot.

« Que le christianisme, dit-il, par la riche variété de ses éléments, soit la religion des forts et des faibles, des intelligences et des âmes; qu'il s'adresse à tous les besoins, à toutes les facultés de la nature humaine, parlant à ceux-ci le langage des idées, à ceux-là le langage des images, à d'autres le langage du sentiment, c'est ce que montre la diversité des esprits qu'il compte dans son vaste empire. Sa valeur est reconnue comme sa nécessité (2). »

Mais j'irai plus loin :

« Fût-elle aussi prodigue qu'elle est avare, aussi illimitée qu'elle est étroite, la terre ne serait encore pour l'homme qu'un théâtre indigne de lui. L'âme seule a du pain pour tous; et de la joie pour une éternité (3). »

En attendant la table des matières qui ne peut terminer que la seconde partie, je vais essayer de résumer celle-ci au paragraphe suivant.

---

(1) Jh Kevens, *Revue contemporaine,* juillet 1870.

(2) A. Vacherot, *La Religion,* p. 565.

(3) Lacordaire, *Notre-Dame de Paris*, février 1846.

XVIII

« Le triomphe du parti démocratique serait inévitablement
» prochain si ce parti pouvait faire faisceau de tout ce qu'il y
» a dans son sein, d'idées justes, vraies, pratiques, libérales,
» fécondes; en rejetant par le triage tout ce qui s'y trouve
» d'absurde, de despotique, de ruineux, de frippé, de ré-
» trograde (1). »

Dans les sciences positives, une théorie est jugée vraie qui donne une explication satisfaisante de toutes les difficultés en vue.

Par la théorie ci-exposée, il est satisfait, d'abord et en principal, à la grande obligation suivante :

La richesse par la liberté, la liberté par la richesse, réciproquement et simultanément obtenues.

« Le gouvernement ne sera plus un gouvernement poli-
» tique. Ce sera la réunion des services publics. Et ces ser-
» vices seront administrés par des administrations dont on

(1) Je ne retrouve plus la source ni la date de cette citation ; mais je l'ai lue quelque part.

» pourra vérifier les comptes. Dans cette société il n'y aura » plus d'impôts, mais des services payés le prix qu'ils coû- » tent (1). »

Je crois avoir donné à cette pensée une exposition qui ne manque pas de quelques caractères scientifiques et de quelques justifications plausibles.

Mais où l'ai-je trouvée formulée en ces termes, cette pensée, qui est mienne depuis si longtemps? Est-ce dans les livres et discours de nos hautes célébrités démocratiques? Non. Nous venons de voir qu'ils s'en tiennent, ces hauts dignitaires, aux us et coutumes de la tradition, ou de l'aberration révolutionnaire. Pédagogisme, philanthropisme, formalisme.

Cette pensée a été exprimée le 5 ou 6 février 1869, à une Réunion publique de Paris. Et par qui? *par l'orateur* Briosne.

Je ne connais nullement M. Briosne, mais je le déclare; dans ces quatre lignes du soi-disant démagogue, il y a plus de libéralisme et de sens politique et économique que dans tout ce que débitent depuis vingt ans aux Parisiens ébahis, certains professeurs de chaires salariées et certaines illustrations législatives.

Là se trouve en germe la CONSTITUTION RATIONNELLE ET SCIENTIFIQUE à donner à l'Etat.

Là se trouve *l'émancipation réelle* de la société moderne.

Là se trouve enfin la solution du fameux problème de 1848, de ce problème qu'un tas de savants avaient proclamé criminel à force d'absurdité.

---

(1) Réunions publiques. Compte-rendu, le *Pays*, 7 février 1869.

Le problème de *l'organisation du travail.*

Oui, ce problème a ici toutes ses données. Il les a condensées dans la phrase soi-disant démagogique ci-dessus, comme il les a explicites dans l'exposé de ma Réforme.

Mais en outre de la solution offerte à ce double et identique problème : RICHESSE PAR LA LIBERTÉ, LIBERTÉ PAR LA RICHESSE, par combien de solutions dérivées cette Réforme ne fait-elle pas face à des difficultés secondaires, considérées jusqu'ici comme des cercles-carrés politiques ?

Par la théorie ci-exposée, l'impôt est radicalement réformé. Il change absolument d'assiette. Il ne va pas du capital au revenu ou du revenu au capital, ce qui n'est qu'une oscillation nominale indigne de tout esprit sérieux ; il ne s'assied pas sur les objets de luxe, ce qui n'est pas une base ; il change néanmoins d'assiette ; et il garde toute sa fécondité pour défrayer tous les services, bien que ne s'incorporant que dans une moitié d'entr'eux.

Chaque Français paye ses services onéreux en achetant sa consommation de services lucratifs, savoir : matière extractive, transport, monnaie, crédit, timbre, garantie, etc.

L'impôt devient ainsi facultatif, juste et proportionnel.

Car, l'impôt, frappant les besoins de la vie civile et non plus de la vie animale, s'y soustraire ce n'est pas s'interdire le boire et le manger ; donc facultatif. Et comme ce n'est pas à l'homme qu'il s'adresse dans le contribuable, mais au citoyen, ce qui est juste, le citoyen paye les bienfaits de la cité autant qu'il en use, ni plus ni moins, ce qui est proportionnel. Et tout cela sans contrainte, sans faux travail de perception, et sans les autres vices de la fiscalité actuelle.

Par la théorie ci-exposée, les salaires toujours débattus et consentis, sont toujours lucratifs et rémunérateurs, pour deux raisons :

La première, la grande, c'est la suractivité donnée à la production.

La deuxième est celle-ci : contre le trop plein des ateliers civils, l'excès de bras trouve toujours demande et emploi dans les chantiers de l'Etat.

La dépression de ces salaires reçoit ainsi un frein ; et le Corps législatif ou Conseil national, sans usurpation de ressort et de suzeraineté, en se bornant à son droit de fixer chez lui la journée, accorde partout à la classe la plus pauvre et la plus nombreuse, un efficace et légitime protectorat, celui de la Nation elle-même.

Le droit au travail est reconnu sans phrases; comme il est pratiqué sans cataclysme.

Le salariat n'est plus l'esclavage ; et les régies de l'Etat, faisant déversoir aux vastes agglomérations d'ouvriers, exonèrent à la fois les patrons de trop de responsabilité, et garantissent l'ouvrier de toute tyrannie.

Par la théorie ci-exposée, les exhorbitantes dépenses de notre emprisonnement soit sur place, soit colonial; et les effets démoralisant au dehors du travail des détenus, qu'il faut pourtant faire travailler, ne sont plus le cauchemar des jurisconsultes et des moralistes aux abois.

L'exploitation des mines dangereuses, le gazonnement des montagnes, le travail aux carrières, le desséchement des marais, voilà qui vaut mieux que vos ateliers de prisons cellulaires et d'arsenaux maritimes; que vos métiers aux marteaux, et vos tissages à la main, lesquels, par une concurrence malhonnête, cassent les bras à la vertu.

Par la théorie ci-exposée, les rapports entre le travail et le capital, déjà améliorés et pacifiés comme je viens de le dire, subissent encore une modification heureuse de ce que la toute-puissance du capital, les grands effets perturbateurs de ses masses accumulées, sont des phénomènes qui s'amoindriront de tout ce qui tendra à amoindrir le cumul actuel de ce capital, et à raréfier ses grands coups de partie. Or, il faut bien qu'on le dise, le *dominium commune* ôté aux vastes spéculations, aux accaparements, aux monopoles de toute la juiverie cosmopolite; les actionnaires de l'Etat, assimilés aux rentiers de la Nation; des fortunes colossales serviront de moins en moins d'instruments à des colosses de tyrannie; et l'usure et l'intérêt normal de l'argent ne seront plus deux opérations fusionnées, inséparables, impossibles à disjoindre ; et l'une, l'intérêt normal, ne fera plus couverture à l'autre, à l'usure, comme le gant de velours à la main de fer. (Voir la IIe partie.)

Par la théorie ci-exposée, le mandat impératif deviendra une vérité, dans ce qu'il a de partiellement juste et de fondé en raison.

Parce que je vous nomme député, je n'entends pas que pour cela vous ayez le droit, comme vous l'avez aujourd'hui, d'absorber ma souveraineté individuelle. Vous n'avez pas même celui de l'amoindrir. Rien de ce qui touche à ma conscience, à ma pensée, à mon bien, n'est soumis à votre puissance et n'est l'objet de ma délégation.

Les soi-disant démagogues ont soutenu que la souveraineté est indéléguable et doit rester personnelle et directe.

Ils ont eu raison, pour tout ce qui est de l'hémisphère supérieur et du *dominium civile;* ils ont eu tort pour le reste.

Ils ont eu tort pour le *dominium commune*, pour la *Res-publica,* pour ce qui doit être mis en commun et rester indivis.

Ils ont eu tort pour cela seulement.

La souveraineté individuelle et directe ne peut pas s'appliquer à ces choses, c'est évident, sans quoi il faudrait les morceler.

Ce morcellement étant la ruine et l'iniquité, cette souveraineté n'a plus qu'une manière de s'exercer à leur égard, c'est de se déléguer.

Mais la délégation se limite à son objet.

Je ne vous transmets, mandataires que j'honore de mon suffrage, que ma souveraineté indivise et collective ; et si vous mettez le pied sur l'autre, violateur de mon domicile, j'ai plus que le droit de vous retirer mon mandat, j'aurais celui de vous châtier.

Le mandat impératif est donc juste. Mais il ne peut être dicté par le caprice ou les passions des électeurs. Il doit ressortir du champ-clos où la Constitution renferme et confine l'action du député. Dans la Réforme, sa réalisation satisferait les électeurs, et son acceptation serait de droit agréée des candidats.

Par la théorie ci-exposée, plus de *lego-manie* et d'*oratio-manie.*

Le pêle-mêle brouillé et entre-croisé de ce qui est à tous et à chacun, joint à une constitution d'Etat, laquelle centralise à faux et décentralise de même, ces deux choses sont aujourd'hui une source intarissable, entre les intérêts et les droits du public et des particuliers, de conflits et de litiges sans cesse renaissants.

D'où pour la machine à légiférer la nécessité d'une action continue et interminable.

Quant au rôle des avocats, il devient alors, dans la Représentation nationale, si forcément prépondérant, qu'un homme qui n'a pas fait une spécialité d'études de nos innombrables codes, et ne possède pas le grade et le titre de licencié par exemple, n'est presque en aucune question politique doué de compétence.

Mais avec l'omni-nécessité des avocats, qu'arrive-t-il ?

Que parlage et parlementarisme deviennent synonymes ; que la première chose à chercher dans un homme public n'est pas la puissance de capacité et d'honnêteté, mais, sans exclusion toutefois, la puissance de bien s'exprimer en public.

Qu'est-ce que la gestion alors et la surveillance des affaires communes ? Que sont nos chambres, devant le public qui les écoute ? Une académie de parleurs qui posent ; ou, disent les étrangers, un combat de coqs gaulois.

Le Conseil national, en session annuelle et régulière, aurait toujours la même chose à refaire ; cette chose, il la porterait à toute perfection, sans bruit ni phrases.

Des compétences multiples et variées se rencontreraient, pour tous les services définis de l'Etat, dans le choix des délégués de la nation.

Par la théorie ci-exposée, centralisation et décentralisation, thèse et antithèse, affirmation qui est vraie, et négation qui n'est pas fausse, ces deux besoins contraires recevraient satisfaction.

Au lieu de dire :

Centralisons pour être forts.

Décentralisons pour être libres.

La Réforme dirait : Soyons forts, soyons libres, soyons centralisés.

Par la théorie ci-exposée, la Révolution Française est effectuée et close :

Révolution politique : liberté.

Révolution économique : aisance.

Révolution fiscale : justice.

L'Etat qui était *dessus* est mis *dessous*.

La Société, qui était *dessous* est mise *dessus*. *Revolvere*.

Magistrats, ce mot qui implique superposition, caractérise exclusivement les mandataires de la nation, ses délégués, ses élus, ses conseillers.

Quant aux fonctionnaires, réduction de leur morgue républicaine, réduction de leurs traitements et broderies monarchiques.

Je m'arrête.

Dans la IIe partie, revenant toujours au parallélisme de l'*État tel qu'il est* et de l'*État tel qu'il doit être*, j'appesantirai l'attention du lecteur sur bien des questions, notamment sur les suivantes :

1. Liberté des cultes. Exonération à leur égard du budget de l'Etat. Séparatisme.

2. Liberté de l'enseignement. Exonération à son égard du budget de l'Etat. Séparatisme.

3. Etablissement du Budget de la Réforme, évaluation des recettes et dépenses, et comparaison du vieux régime fiscal et du nouveau.

4. Exploitation unitaire du sous-sol.

5. Exploitation unitaire des transports.

6. Concomitance féconde de ces deux services.

7. Banque. Monnaie. Crédit. Usure.

8. Enregistrement. Simplification de notre appareil judiciaire. Police.

9. Assurance défensive, ou Armées.

10. Assurance sanitaire. Plan d'organisation de la médecine en service public.

11. Assurance à primes contre risques et sinistres; sauvetage et indemnité.

Jeunes gens, je ne suis plus de votre âge ; mais je m'adresse à vous en finissant. Ce livre ne ménage point les prétentions régnantes. Il recevra d'elles une critique sans pitié. Je le sais.

N'importe, s'il vous va !

Si ce triage d'idées, laborieusement exécuté dans la vaste

moisson contemporaine, vous paraît juste et sain, je me consolerai de n'avoir jamais pu rendre, dans l'obscurité et l'inactivité où s'est épuisée ma vie, d'autre service à la démocratie.

Je vieillis..... mais ma synthèse est jeune.

Armez sa vigueur de la vôtre. Clubs, journaux, conférences, lectures en commun, prenez tous les moyens de servir la vérité si vous en êtes convaincu.

Que par votre initiative, la France se ceigne les reins; et qu'elle opère, il en est temps, hélas! qu'elle opère enfin son exode hors du pays de servitude : les vieux préjugés monarchiques, les vieilles routines pseudo-démocratiques.

DEUX PROJETS DE LOI

Confiés à tout membre de nos prochaines assemblées qui en appréciera les considérants.

PREMIER PROJET.

SUFFRAGE UNIVERSEL N'OUTRAGEANT PLUS LA RAISON.

Art. 1er. — Dans chaque commune française, rurale ou urbaine, au jour de sa convocation, le suffrage universel choisira dans la masse des électeurs communaux un dixième de ces électeurs, renouvelable à chaque convocation (1).

Art. 2. — Les premiers sur la liste formeront de droit l'ADMINISTRATION DE LA COMMUNE et le CONSEIL MUNICIPAL.

Art. 3. — Pour les élections de député, ce dixième d'électeurs communaux se transportera de chaque commune au chef-lieu d'arrondissement et y séjournera trois jours consécutifs.

Art. 4. — Pendant ces trois jours, aux séances tenues à cet effet; dans un local approprié; et devant un auditoire qui

---

(1) Si j'osais ici le demander :

Tout électeur marié, sa femme et lui constituant deux entités politiques, déposerait deux bulletins.

Il en déposerait trois, si sa carte électorale témoignait qu'en outre de sa femme, il a des enfants *mineurs*.

Le suffrage universel au lieu d'être restreint serait agrandi.

Qui ne sent de plus en ceci un témoignage d'honneur pour le mariage et la paternité, et un acte de justice pour la femme?

dès lors, ne sera plus ni numériquement ni moralement impossible, se produiront les candidatures, ainsi que les discours et les débats, soit justificatifs, soit contradictoires, à leur appui ou à leur encontre.

De cette façon, enseignement mutuel des citoyens en fait de politique, entretien périodique de la nation dans ses sentiments de civisme et de patriotisme, et compétence de tous dans l'acte électif.

DEUXIÈME PROJET.

FUSION DES CLASSES A HATER, DÉSERTION DES CAMPAGNES A PRÉVENIR.

Art. 1er. — Tout propriétaire, faisant acte de résidence et de gestion personnelle sur un domaine de tant d'hectares, ou de simple présence continue sur un domaine double d'étendue, sera autorisé, la coutume existant déjà de le désigner par son nom patronymique doublé de celui de sa terre, à signer avec cette addition nominale tous les actes authentiques.

Art. 2. — Même faculté légale, même autorisation pour tout propriétaire d'usine, de fabrique ou de manufacture, sise loin de la ville et exploitée à la campagne (1).

(1) *Galli si non dissenserint vix vinci possint* (Tacite).
Le travail fécond et non plus le pillage armé crée la noblesse.
Hérodote disait des Egyptiens : Ils sont tous nobles.

ERRATUM. — P. 57, ligne 10, lisez *dominium* COMMUNE, au lieu de *dominium* CIVILE.

368 — Nantes, Imp. Jules Grinsard, succr de M. H. Charpentier.

Commencé d'imprimer le 7 novembre 1870, fini le 1er février 1871.

Excès d'ouvrage et pénurie d'ouvriers dans toutes les Imprimeries, à Nantes, depuis trois mois, — voilà l'explication de la lenteur avec laquelle cette Première Partie a été imprimée.

DU MÊME :

Thèse du Doctorat en Médecine.............. Paris 1839.

Lettres à la Société de Saint-Vincent-de-Paul.. Nantes 1842.

Notice humoristique sur A. Transon, philosophe, charcutier et antiquaire (épuisée).......... Nantes 1847.

Compte-rendu des travaux de la Société Académique de Nantes........................ Nantes 1852.

Médecine organisée en service public (articles divers)....... .... Nantes 1845-6-7.

Les Moulins primitifs (archéologie)............ Nantes 1869.

Télégraphie gallo-romaine (archéologie)........ Nantes 1870.

Varia et minima........................... *Passim.*

www.ingramcontent.com/pod-product-compliance
Ingram Content Group UK Ltd.
Pitfield, Milton Keynes, MK11 3LW, UK
UKHW020122200726
13856UKWH00002B/683